Jorge Gómez Gómez
Velssy Hernández Riaño

INTELIGENCIA ARTIFICIAL PARA LA DETECCIÓN DE ANEMIA FALCIFORME

Jorge Gómez Gómez
Velssy Hernández Riaño

INTELIGENCIA ARTIFICIAL PARA LA DETECCIÓN DE ANEMIA FALCIFORME

Implementando modelos de inteligencia artificial basado en aprendizaje automático para la detección de anemia falciforme

PUBLICIA

Imprint

Cover image: www.ingimage.com

Publisher:
PUBLICIA
is a trademark of
Dodo Books Indian Ocean Ltd. and OmniScriptum S.R.L publishing group

120 High Road, East Finchley, London, N2 9ED, United Kingdom
Str. Armeneasca 28/1, office 1, Chisinau MD-2012, Republic of Moldova, Europe
Managing Directors: Ieva Konstantinova, Victoria Ursu
info@omniscriptum.com

Printed at: see last page
ISBN: 978-620-9-55493-3

INTELIGENCIA ARTIFICIAL PARA LA DETECCIÓN DE ANEMIA FALCIFORME

JORGE GÓMEZ GÓMEZ
VELSSY HERNÁNDEZ RIAÑO

INTELIGENCIA ARTIFICIAL PARA LA DETECCIÓN DE ANEMIA FALCIFORME

Implementando modelos de inteligencia artificial basado en aprendizaje automático para la detección de anemia falciforme

JORGE GÓMEZ GÓMEZ
VELSSY HERNÁNDEZ RIAÑO

Contenido

Sobre los Autores:

JORGE GÓMEZ GÓMEZ

Ingeniero de Sistemas de profesión egresado de la Fundación Universitaria San Martín, Magíster en Ingeniería Telemática de la Universidad del Cauca, Doctorado en Tecnologías de la Información y las Comunicaciones de la Universidad de Granada España, profesor de tiempo completo de la carrera de Ingeniería de Sistemas de la Universidad de Córdoba. Director del grupo de investigación SOCRATES de la carrera de Ingeniería de Sistemas de la Universidad de Córdoba, Editor jefe de la revista Ingeniería e Innovación de la Universidad de Córdoba. Miembro y fundador de la rama estudiantil IEEE de la Universidad de Córdoba. He publicado numerosos artículos en el área de Internet de las Cosas, Context Awareness, e-learning, redes de telecomunicaciones, en diferentes revistas indexadas en los índices JCR y SCOPUS. He desarrollado proyectos de investigación relacionados con seguridad ciudadana, ciudades inteligentes, Internet de las cosas para temas de salud, entre otros. Soy el coordinador del grupo de investigación en Computación Pervasiva de la carrera de Ingeniería de Sistemas de la Universidad de Córdoba. En este grupo de investigación desarrollamos actividades de investigación orientadas a sistemas inteligentes basados en tecnologías como RFID, NFC, QRCODE, sistemas de geolocalización, sistemas ubicuos y omnipresentes. También en este semillero los estudiantes proponen soluciones en los temas antes mencionados; los miembros participan activamente dentro y fuera de la universidad en actividades de investigación. Como resultado, muchos miembros han ganado premios regionales y nacionales. Además, he participado como jurado evaluador de revistas indexadas, tesis de maestría y doctorado. También soy editor invitado de la revista Computational and Mathematical Methods in Medicine-Hindawi. He sido profesor invitado de la Corporación Universitaria de la Costa, en el doctorado de Tecnologías de la Información y las Comunicaciones, en la materia Representación semántica de la información en entornos ubicuos. He sido profesor de la Universidad Cooperativa de Colombia en Montería del 2008 al 2015, donde impartí cursos de inteligencia artificial, bases de datos y redes de telecomunicaciones. De igual forma fui docente de la Universidad del Sinú en los años 2008 al 2015, donde también fui director del grupo de investigación GNOCIX de la carrera de Ingeniería de Sistemas. He sido conferencista en eventos nacionales e internacionales. A nivel internacional fui invitado por la Universidad Técnica Estatal de Quevedo Ecuador a impartir un seminario sobre Internet de las Cosas en el año 2014. En el año 2016 fui invitado por la Universidad de Babahoyo Ecuador a impartir un seminario taller sobre Sistemas Ubicuos. He participado en convocatorias internas de investigación de la Universidad de Córdoba, así como en convocatorias externas como Minciencias. En el 2025 fui invitado al Tecnológico de Monterrey – México, a realizar una estancia de investigación en la Escuela de Ingeniería y Ciencias.

Finalmente puedo decir que con la experiencia que he tenido a lo largo de los años como profesional, he contribuido a generar nuevos conocimientos, esto se ha reflejado en los artículos que he publicado, los trabajos de posgrado que he dirigido, los cursos que he impartido y la apropiación del conocimiento a la comunidad educativa. Dentro de la Rama IEEE de la Universidad de Córdoba, he impulsado la investigación y la proyección social del conocimiento a entornos sociales que lo han requerido.

VELSSY HERNÁNDEZ RIAÑO:
Es Ingeniera de Sistemas y tiene una Maestría en Ingeniería Telemática de la Universidad Francisco José de Caldas, Colombia. Es Profesora del Departamento de Ingeniería de Sistemas y Telecomunicaciones de la Universidad de Córdoba, además es Investigadora del grupo de investigación SOCRATES. Ha publicado numerosos artículos científicos en prestigiosas revistas nacionales e internacionales. Es miembro de la rama estudiantil IEEE de la universidad de Córdoba.

Resumen

Este estudio presenta un sistema basado en aprendizaje automático para la predicción temprana de la anemia falciforme utilizando datos clínicos estructurados de hemogramas de pacientes. El enfoque propuesto busca abordar las limitaciones de los métodos de diagnóstico convencionales, que suelen ser costosos, requieren mucho tiempo y una infraestructura de laboratorio especializada. El objetivo fue identificar el modelo con mejor rendimiento y desarrollar una aplicación que pudiera ser utilizada por el personal médico en zonas de difícil acceso como herramienta de apoyo para el diagnóstico temprano de esta enfermedad. Entre los modelos evaluados, el modelo Random Forest obtuvo el mejor rendimiento, con una precisión del 98%, una tasa de sensibilidad del 98% y una puntuación F1 del 98%. Su rendimiento superior se atribuye a su capacidad para capturar interacciones no lineales entre las variables hematológicas, que son cruciales para el diagnóstico clínico. Las predicciones del sistema fueron validadas por especialistas médicos, mostrando una gran concordancia con los diagnósticos tradicionales. Una innovación clave de este estudio es el uso de datos estructurados de hemogramas en lugar de imágenes médicas, lo que reduce significativamente los costos de implementación y la complejidad técnica. Esto hace que el sistema sea especialmente adecuado para su implementación en entornos rurales con recursos limitados. Al integrar la inteligencia artificial en sistemas de atención médica vulnerables, este enfoque contribuye a mejorar la equidad diagnóstica y apoya los esfuerzos globales para mejorar la detección temprana en poblaciones desatendidas.

CAPITULO I

Planteamiento del problema y justificación

Se estima que, la enfermedad de anemia falciforme afectará aproximadamente al 30% de la población mundial nacida entre los años 2010 y 2050. En el año 2021, se estimó que 64.000.000 de personas convivieron con la enfermedad de células falciformes, y se registraron 3.000.000 de niños nacidos con esta dificultad (Nikkath Bushra & Shobana, 2021). Tanto la anemia falciforme como el cáncer se consideran las afecciones médicas más complejas en la infancia. Los tratamientos estándar tienen un impacto en el rendimiento escolar, social y familiar de estos niños (Daly et al., 2008).

La anemia falciforme puede afectar a los niños desde muy temprana edad, causándoles dolor, fatiga, infecciones y otros problemas de salud (Batte et al., 2023). Es prioridad que las personas con antecedentes familiares de anemia falciforme o pertenecientes a grupos étnicos con mayor riesgo de padecer la enfermedad se sometan a pruebas de detección (Modolo et al., 2022). La IA puede ayudar a la segmentación automática, a la reducción de la subjetividad y a la agilización del proceso de análisis.

En países de bajos y medianos ingresos, es de crucial importancia la detección temprana de la Anemia de Células Falciformes, ya que esta tiene un impacto significativo en la esperanza de vida. Por ejemplo, en regiones de África la tasa de mortalidad infantil asociada a la Anemia Falciforme puede alcanzar entre el 50% y el 90%, y ser el responsable del 5% al 16% de todas las muertes de niños menores de 5 años, esto dependiendo de la ubicación, la disponibilidad de atención médica y las tasas de enfermedades contagiosas. (CITA)

Asimismo, se ha demostrado que, a través de la detección neonatal temprana y la investigación, la aplicación de tratamientos como la profilaxis, la inmunización contra neumococos, la orientación en la gestión de síntomas y tratamientos con hidroxiurea, contribuyen a la disminución de las tasas de mortalidad, de manera significativa. Además, los programas de detección universal y de intervención temprana en países de ingresos altos han mostrado ser efectivos para aumentar la esperanza de vida de quienes padecen la enfermedad. En Estados Unidos y otros países de ingresos altos, la implementación generalizada de la detección de Anemia Falciforme destaca la necesidad de las estrategias de detección temprana, pues esta, no solo se revela como una herramienta esencial para salvar vidas, sino también como un componente clave en la mejora de la calidad de vida de aquellos afectados por la SCD. (Lancia et al., 2020)

La Anemia de Células Falciformes sigue desempeñando un papel significativo en las tasas de mortalidad en muchos países. Aunque los métodos de laboratorio para diagnosticar esta anemia son sensibles y precisos, suelen ser costosos, lentos y laboriosos. Por otro lado, el tratamiento para esta enfermedad es práctico y está disponible en la mayoría de los entornos con recursos limitados. La limitación no reside en la impracticabilidad o la falta de acceso al tratamiento, sino más bien en la incapacidad de determinar con precisión la presencia de la enfermedad. Este desafío diagnóstico subraya la necesidad crítica de enfoques más eficientes y accesibles para la detección temprana y precisa de la Anemia de Células Falciformes (Piety & Shevkoplyas, 2017)

En el contexto nacional, se halló que, según el Informe Quincenal Epidemiológico Nacional Colombiano del año 2018, la prevalencia nacional de la anemia de células falciformes fue de 0,07 por 100.000 personas en 2016 y de 0,32 en 2017. La mayor prevalencia por edad se presentó en población de 10 a 14 años. La prevalencia más alta se presentó en 2016, en Valle del Cauca, y en 2017 en Buenaventura (Gaviria Uribe et al., 2018).

En los próximos años, la Inteligencia Artificial (IA) desempeñará un papel fundamental en el avance de la medicina actual. Los algoritmos de Machine Learning, tienen la capacidad de detectar enfermedades con un nivel de precisión comparable al de especialistas médicos. A medida que avanzamos, el panorama de la IA en medicina se vuelve cada día más sólido, y el uso extendido de sistemas basados en IA en la atención médica rutinaria representa una oportunidad significativa para mejorar la calidad de la atención que reciben los pacientes. Para mejorar la atención se usan técnicas de Machine Learning, debido a que tienen la capacidad de aprender patrones directamente a partir de datos sin procesar, lo que ha llevado a un éxito notable en la clasificación de imágenes. En consecuencia, la investigación en IA médica ha florecido en especialidades que dependen en gran medida de la interpretación de imágenes (Rajpurkar et al., 2022).

CAPITULO II

Objetivo general

Entrenar modelos de aprendizaje automático para la predicción de células falciformes con datos clínicos

Objetivos específicos

- Identificar los datos clínicos relevantes en la historia clínica, eliminando el ruido en la información para mejorar el entrenamiento del modelo.
- Evaluar y seleccionar el algoritmo o técnica de aprendizaje automático que mejor rendimiento ofrece en la predicción de anemia falciforme, con el objetivo de preparar su implementación.
- implementar un sistema en entornos clínicos que gestione pacientes, interactúe con datos y proporcione resultados basados en aprendizaje automático para la anemia falciforme.

METODOLOGÍA

1.1 Diseño del estudio

Estudio observacional, retrospectivo, de corte transversal, con alcance correlacional (enfoque analítico)

Población

Pacientes con edad menor a 18 años con sospecha diagnóstica o diagnóstico confirmado de anemia de células falciformes mediante electroforesis de hemoglobina, que fueron atendidos en la Clinica IMAT Oncomedica entre 2008-2024.

Criterios de inclusión y exclusión

- Inclusión

- Pacientes con sospecha diagnóstica de anemia de células falciformes
- Pacientes diagnosticados con anemia de células falciformes mediante electroforesis de hemoglobina
- Recibir atención médica en el servicio de hemato oncología pediátrica, hospitalización o urgencia de la Clínica IMAT Oncomedica entre 2008-2024.
- Pacientes con reporte de hemograma (tipo I-IV) realizado en el laboratorio clínico institucional o en laboratorio externo
- Pacientes con sospecha de anemia y estudio de electroforesis de hemoglobina (cuyos resultados sean negativo o positivo para anemia falciforme)

- Exclusión

- Pacientes sin resultado de electroforesis de hemoglobina

5.4 Definición de las variables

Con el fin de desarrollar un modelo predictivo robusto y clínicamente aplicable para la detección de anemia falciforme (ACF), se utilizarán variables estructuradas extraídas de las historias clínicas electrónicas de pacientes pediátricos atendidos en la Clínica IMAT Oncomedica AUNA. Estas variables se agrupan en tres categorías: sociodemográficas, clínicas y diagnósticas.

Variables sociodemográficas:

- Edad (en años y meses), incluyendo la edad al momento del diagnóstico.
- Sexo (masculino / femenino).
- Etnia (afrodescendiente, indígena, mestizo, otro).
- Lugar de residencia (urbano / rural).

Variables clínicas:

- Hemoglobina (Hb).
- Hematocrito (Hto).
- Volumen Corpuscular Medio (VCM).
- Hemoglobina Corpuscular Media (HCM).
- Concentración de Hemoglobina Corpuscular Media (CHCM).
- Glóbulos rojos (RBC).
- Recuento de reticulocitos.
- Leucocitos.
- Plaquetas.
- Signos y síntomas clínicos referidos, como: dolor abdominal o torácico, fatiga, fiebre, palidez, ictericia, entre otros.

Estas variables permitirán al modelo capturar tanto patrones hematológicos como manifestaciones clínicas típicas de la ACF.

Variable diagnóstica (variable objetivo del modelo):

- Resultado de electroforesis de hemoglobina, categorizado como:
  - Positivo para anemia falciforme (presencia de HbS).
  - Negativo para anemia falciforme (ausencia de HbS).
  - Otros resultados relacionados: rasgo falciforme, hemoglobinas mixtas (opcional, según datos disponibles).

Esta variable será utilizada como etiqueta (label) para entrenar los modelos de clasificación supervisada.

Otra referencia tenemos de Wethers DL en la Tabla 1. Variables utilizadas para el diagnóstico de anemia de células falciformes en pacientes pediátricos.

Parámetro	**Descripción**	**Unidad de medición**	**Valores de referencia**
Hemoglobina (HGB)	Concentración de hemoglobina en sangre. En anemia de células falciformes, suele ser baja.	g/dL o g/L	102–152 g/L (varía según edad)
Hematocrito (HCT)	Porcentaje de sangre que son glóbulos rojos. En anemia de células falciformes, puede ser bajo.	%V/V (L/L)	0.36–0.46 L/L (varía según edad)
Recuento de reticulocitos	Indicador de producción de glóbulos rojos	% o × 10^9/L	0.5–2.5% (varía según edad)

	nuevos. En anemia de células falciformes, suele estar elevado.		
Volumen corpuscular medio (MCV)	Tamaño promedio de los glóbulos rojos. En anemia de células falciformes, puede ser normal o ligeramente bajo	fL	78–94 fL (varía según edad)
Concentración de hemoglobina corpuscular media (MCHC)	Proporción de hemoglobina en los glóbulos rojos. Puede estar normal o elevada en algunas condiciones.	g/L	320–360 g/L (varía según edad)
Análisis de diferencial de glóbulos blancos	Enumeración de diferentes tipos de glóbulos blancos. Puede mostrar cambios en respuesta a crisis.	× 10^9/L	Varía según tipo de glóbulo blanco
Glóbulos rojos nucleados (NRBC)	Presencia de glóbulos rojos inmaduros en sangre periférica. Puede estar presente en crisis.	× 10^9/L o %	Normalmente ausentes en sangre periférica

Fuente. Elaboración propia a partir de Wethers DL. Sickle cell disease in childhood: Part I. Laboratory diagnosis, pathophysiology and health maintenance. Am Fam Physician. 2000 Sep 1;62(5):1013-20, 1027-8. PMID: 10997528; Complete Blood Count (CBC) Test and Sickle Cell Disease. St Jude Together. https://bit.ly/4jnrFan

Cálculo de tamaño de muestra

Teniendo en cuenta los objetivos del estudio, no se realizará cálculo de tamaño de muestra. Serán incluidos todos los pacientes que cumplan los criterios de elegibilidad durante el período de observación.

Procedimientos

El desarrollo del sistema predictivo basado en aprendizaje automático para la detección de anemia falciforme (ACF) se estructurará en cuatro fases, cada una correspondiente a un objetivo específico. A continuación, se describe cada fase y sus actividades asociadas:

Fase 1. Selección y preparación de datos clínicos relevantes

Corresponde al primer objetivo específico. En esta etapa se recopilarán las historias clínicas electrónicas de pacientes pediátricos (0 a 17 años) atendidos en la Clínica IMAT Oncomedica AUNA, que cumplan los criterios de inclusión definidos previamente.

Se extraerán variables hematológicas estructuradas contenidas en el hemograma completo, así como variables clínicas complementarias. Se aplicarán criterios médicos (consultados con expertos clínicos) y análisis estadísticos exploratorios (medidas de tendencia central, dispersión y correlación) para identificar aquellas variables con mayor capacidad discriminativa con relación al diagnóstico confirmado o descartado de ACF.

Las variables candidatas serán preprocesadas: se eliminarán datos nulos, se imputarán valores faltantes según el tipo de variable y se normalizarán o categorizarán según el caso. Esta fase permitirá construir una matriz de datos robusta y limpia para el entrenamiento posterior del modelo.

Fase 2. Evaluación y selección del algoritmo de ML

Corresponde al segundo objetivo específico. En esta fase se explorarán diversos algoritmos de clasificación supervisada, como regresión logística, árboles de decisión, random forest, SVM, Naive Bayes y gradient boosting.

Cada modelo será entrenado utilizando la base de datos preparada en la fase anterior. Se empleará validación cruzada (por ejemplo, K-Fold con k=5 o k=10) para asegurar la estabilidad de los resultados y se calcularán métricas como: accuracy, precision, recall, F1-score y AUC-ROC.

El algoritmo con mejor rendimiento global será seleccionado para la siguiente fase. Se documentará el proceso de entrenamiento, los hiperparámetros utilizados y los resultados obtenidos en cada modelo.

Fase 3. Construcción y validación del modelo predictivo

Esta fase corresponde al tercer objetivo específico. Aquí se construirá el modelo final utilizando el algoritmo seleccionado. Se realizará un ajuste fino de hiperparámetros mediante búsqueda en malla (*grid search*) o aleatoria (*random search*).

Además, se planteará una validación externa del modelo, contrastando sus predicciones con la prueba diagnóstica estándar: la electroforesis de hemoglobina. Se utilizará un subconjunto de datos donde se cuente con resultados confirmados por esta prueba, tanto positivos como negativos, y se evaluará el desempeño del modelo en ese grupo control.

El objetivo es garantizar que el sistema predictivo pueda alcanzar un nivel de sensibilidad y especificidad clínicamente aceptable para ser usado como herramienta de apoyo diagnóstico.

Fase 4. Desarrollo del sistema funcional y prueba en entorno clínico

Esta fase responde al cuarto objetivo específico. Una vez validado el modelo, se integrará en un sistema web que permitirá a los médicos introducir datos clínicos de nuevos pacientes y obtener una predicción automática sobre la probabilidad de presencia de ACF.

El sistema será probado en un entorno controlado dentro de la Clínica IMAT Oncomedica AUNA, y contará con una interfaz simple e intuitiva orientada al personal clínico. El modelo correrá en un servidor seguro, y los resultados se mostrarán junto con las variables explicativas que influyeron en la predicción (explicabilidad del modelo).

Gestión de datos clínicos: seguridad, acceso y almacenamiento

Todos los datos utilizados en el estudio serán anonimizados antes de su análisis. Se eliminarán identificadores directos como nombres, números de historia clínica, documentos y direcciones. El acceso a la base de datos será restringido a los investigadores del proyecto, quienes deberán firmar acuerdos de confidencialidad. Los datos se almacenarán en una nube privada con cifrado de extremo a extremo, gestionada por el área de TI de la Clínica IMAT. Adicionalmente, se mantendrán respaldos locales en equipos institucionales con acceso restringido. El sistema web a desarrollar cumplirá con las normativas de seguridad de la información vigentes, incluyendo autenticación de usuarios y control de permisos por rol.

Una vez desplegado el sistema, solo el personal clínico autorizado tendrá acceso a las predicciones, y se establecerán protocolos de actualización periódica del modelo con nuevos datos validados, garantizando su mantenimiento y mejora continua.

Ética y Cumplimiento Normativo:

Validar que el sistema cumpla con todas las regulaciones éticas y normativas relacionadas con el manejo de datos médicos y la implementación de tecnologías de aprendizaje automático en entornos clínicos.

Documentación Integral:

Documentar el proceso de desarrollo, implementación y pruebas, incluyendo detalles sobre la arquitectura del sistema y las decisiones clave tomadas durante el proceso.

Análisis de datos

El análisis de datos se desarrollará en cinco etapas consecutivas, orientadas a garantizar la calidad de la información, identificar patrones relevantes y construir un modelo predictivo confiable para la detección de anemia falciforme (ACF).

En primer lugar, se llevará a cabo una fase de limpieza y preparación de los datos. Esto incluirá la depuración de registros incompletos, la imputación de valores faltantes mediante técnicas estadísticas apropiadas, y la transformación de variables categóricas y numéricas para su compatibilidad con los algoritmos de aprendizaje automático. Posteriormente, se realizará un análisis exploratorio de datos (EDA) para comprender la distribución de las variables, su comportamiento en relación con la variable objetivo (resultado de electroforesis de hemoglobina) y la detección de valores atípicos. Este análisis servirá de base para definir criterios sólidos de selección de características.

En la etapa de selección de variables se combinarán criterios clínicos, estadísticos y computacionales para identificar aquellas variables que aporten mayor valor predictivo al modelo. La selección se basará en la relevancia clínica de los signos y síntomas, en análisis de correlación estadística, y en la importancia de atributos determinada por algoritmos preliminares.

Una vez definida la base de entrenamiento, se procederá al desarrollo y evaluación de diversos modelos de clasificación supervisada. Se explorarán algoritmos como regresión logística, árboles de decisión, random forest, máquinas de vectores de soporte (SVM), Naive Bayes y métodos de ensamble como gradient boosting. Cada uno de estos modelos será entrenado utilizando validación cruzada K-Fold para asegurar la robustez de los resultados y evitar el sobreajuste. El desempeño de los modelos será evaluado mediante métricas clínicas relevantes como la precisión, la sensibilidad, la especificidad, el valor F1 y el área bajo la curva ROC (AUC). Estas métricas permitirán determinar la eficacia del modelo para detectar casos positivos de ACF en comparación con el diagnóstico estándar de referencia, es decir, la prueba de electroforesis de hemoglobina.

La última etapa consistirá en la selección del modelo final con base en su rendimiento y capacidad de interpretación. Aunque se buscará maximizar la precisión diagnóstica, se priorizarán modelos que ofrezcan transparencia y explicabilidad para el personal médico. Este modelo será documentado y preparado para su implementación en el entorno clínico, como parte del sistema propuesto en esta investigación.

Consideraciones Éticas

De acuerdo con la resolución 8430 de 1993, este estudio es una investigación "sin riesgo", puesto que emplea métodos o técnicas de investigación documental restrospectivos y aquellos en los que no se realiza ninguna intervención o modificación intencionada de las variables biológicas, fisiológicas, sicológicas o sociales de los individuos que participan en el estudio. Adicionalmente el modelo de aprendizaje no utilizará datos personales como nombres y apellidos, sexo o número de identificación del paciente.

Teniendo en cuenta lo anterior se solicitará al comité de ética de oncomedica la exención del consentimiento informado principal para la participación en el estudio. La información recogida durante el estudio será tratada según las directrices de la Ley 1581 de 2012, Ley de Protección de Datos Personales.

Los investigadores declaramos acogernos a los principios de la declaración de Helsinki y del informe Belmont para desarrollar la presente investigación.

Impacto esperado de la investigación

La presente investigación busca generar un sistema predictivo basado en aprendizaje automático que permita apoyar el diagnóstico temprano de la anemia falciforme (ACF) en población pediátrica. A continuación, se presentan los impactos esperados por cada fase metodológica, correspondientes a los objetivos específicos planteado

Fase 1 – Identificación y selección de variables clínicas relevantes

Se espera que esta fase contribuya significativamente al conocimiento sobre los factores clínicos más asociados con la ACF en contextos reales. La construcción de una base de datos limpia, estructurada y con criterios estadísticos permitirá mejorar la comprensión clínica de los patrones hematológicos más frecuentes en pacientes con esta enfermedad, así como establecer variables con alto valor predictivo. Además, este insumo servirá de base para futuras investigaciones clínicas o epidemiológicas relacionadas con enfermedades hematológicas, fortaleciendo la toma de decisiones médicas fundamentadas en evidencia.

Fase 2 – Evaluación y selección del algoritmo de aprendizaje automático

Durante esta fase se espera obtener un modelo de clasificación altamente eficiente y clínicamente útil. La comparación entre distintos algoritmos supervisados permitirá identificar aquel que brinde el mejor rendimiento para la detección de ACF a partir de datos clínicos. Este análisis no solo garantizará precisión diagnóstica, sino también interpretabilidad, de modo que los resultados puedan ser comprendidos y utilizados por profesionales de la salud. La implementación de métricas robustas durante el proceso fortalecerá la validez del modelo y su potencial aplicación en entornos clínicos reales.

Fase 3 – Desarrollo, validación y prueba del modelo predictivo

Esta fase tendrá un impacto directo en la solidez científica del proyecto, ya que permitirá validar el modelo predictivo mediante la comparación con la prueba diagnóstica estándar (electroforesis de hemoglobina). Se espera demostrar que el sistema puede alcanzar niveles aceptables de sensibilidad y especificidad, utilizando únicamente variables clínicas accesibles. Esta validación permitirá reducir la dependencia exclusiva de pruebas especializadas, abriendo camino a una herramienta de apoyo clínico eficaz, económica y replicable en distintos escenarios hospitalarios.

Fase 4 – Implementación del sistema en entorno clínico

Finalmente, se espera que la integración del modelo en un sistema digital accesible facilite la detección temprana de la ACF en contextos reales. La implementación del sistema en la Clínica IMAT Oncomedica AUNA permitirá probar su aplicabilidad clínica, su facilidad de uso por parte del personal médico y su integración con flujos de trabajo existentes. Se espera que esta herramienta contribuya a mejorar los tiempos de diagnóstico, reducir complicaciones asociadas a detección tardía y promover una atención más oportuna, especialmente en zonas con recursos diagnósticos limitados. El sistema estará respaldado por protocolos de seguridad, privacidad y control de acceso, asegurando el uso ético y responsable de los datos clínicos.

CAPITULO III

Análisis Bibliométrico

Este análisis tiene como objetivo obtener un panorama más claro sobre la creación de un modelo de predicción basado en técnicas de aprendizaje automático, para la detección de células falciforme. Por lo anterior, se definieron dos ejes temáticos para la búsqueda en base de datos científicas, el primer eje está basado en las técnicas utilizadas para diagnosticar la anemia falciforme, analizando sus costos, accesibilidad y rendimiento. Al tener claro el primer eje temático, se indaga el segundo eje que consiste en técnicas de aprendizaje automático para la detección de enfermedades, se investigaron las técnicas de diagnóstico más significativas encontradas en el primer eje.

Para el primer eje temático se utilizaron las bases de datos relacionadas a medicina como son: ScienceDirect, Pubmed, Scopus y Cochrane Library. Las ecuaciones de búsqueda para este eje temático son:

Identificación de técnicas diagnósticas:

- ("sickle cell disease" OR "sickle cell disease") AND ("diagnostic techniques" OR "diagnostic methods")

Costos y accesibilidad:

- ("sickle cell anemia" OR "sickle cell disease") AND ("costs" OR "accessibility") AND ("diagnostic techniques" OR "diagnostic methods")

Rendimiento de técnicas diagnósticas:

- ("sickle cell anemia" OR "sickle cell disease") AND ("performance" OR "efficacy") AND ("diagnostic techniques" OR "diagnostic methods")

Como resultado general al realizar el análisis bibliométrico se evidencia el siguiente mapa de red, como se aprecia en la figura 2.

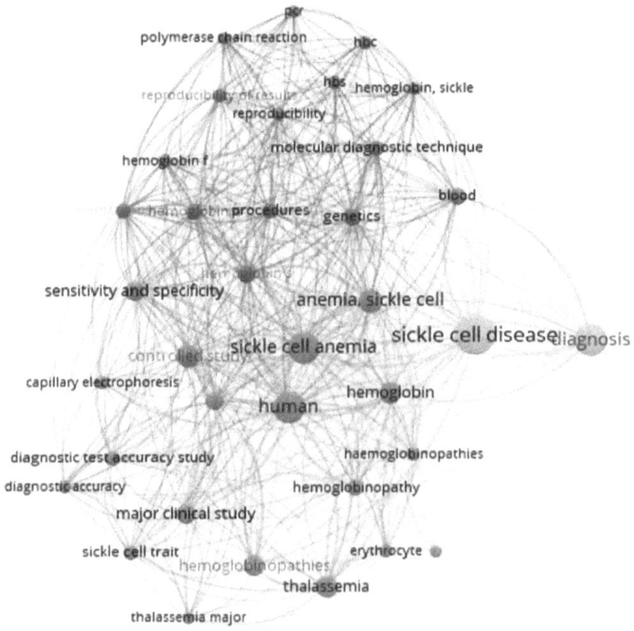

Figura 2 Mapa de Red Anemia Falciforme
Fuentes: elaboración propia

Tras dicho análisis se evidenció que:

La prueba PCR (reacción en cadena de la polimerasa) es un estudio molecular para la anemia falciforme y tiene relación con la hemoglobina C, F y S, similiar a esta prueba, tenemos el estudio de eltroforisis de hemoglobina para el diagnóstico de hemoglobinopatías y talasemias.

Para el segundo eje temático se plantearon las siguientes ecuaciones de búsqueda y se utilizaron las bases de datos IEEE explore y Scopus

- ("aprendizaje automático" OR "machine learning") AND ("detección de hemoglobinopatías" OR "detección de talasemias") AND ("anemia falciforme" OR "drepanocitosis")
- ("machine learning" OR "artificial intelligence") AND ("detection hemoglobinopathies" OR "detection thalassemias") OR ("sickle cell" OR "anemia falciforme")

En el siguiente diagrama se evidencia los resultados obtenidos gracias a las ecuaciones mencionadas anteriormente, donde se destacan las relaciones entre aprendizaje automático, hemoglobina, célula de anemia falciforme y segmentación de imágenes y la clasificación de datos, dentro del aprendizaje profundo se han utilizado algoritmos como máquinas de vectores de soporte, randon forest, árbol de decisión, procesamiento y segmentación de imágenes, como se aprecia en la figura 3.

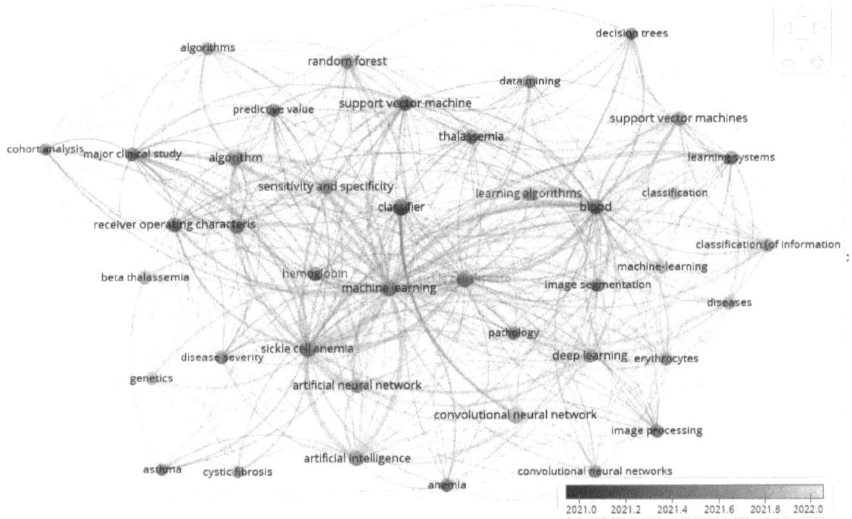

Figura 3. Mapa de Red IA en el diagnostico de anemia falciforme

Fuentes: elaboración propia

Estado del arte

La anemia de células falciformes (SCD) representa la forma más común de trastorno sanguíneo hereditario, caracterizado por anemia hemolítica. La identificación de glóbulos rojos y células falciformes en individuos afectados presenta un desafío significativo. Más allá de la evaluación visual convencional de imágenes microscópicas, se han desarrollado diversos métodos que emplean técnicas avanzadas de aprendizaje automáticos para el procesamiento de imágenes y análisis de datos, incluida la minería de datos, para lograr un diagnóstico de SCD más rápido y preciso.(Sen et al., 2021a) La causa de la SCD es una mutación en el sexto codón del gen de la beta-globina, lo que resulta en la expresión de una hemoglobina anormal (HbS) que se polimeriza en condiciones de bajo oxígeno, lo que lleva a la apariencia en forma de hoz y rígida de los glóbulos rojos lo que limita el transporte de oxígeno al cuerpo y acorta la vida de los glóbulos rojos (Alvarez-Argote et al., 2022).

Las técnicas de Inteligencia Artificial (IA) aplicadas al diagnóstico de enfermedades, se están desarrollando con el fin de abordar estas problemáticas. La IA puede ayudar a la segmentación automática, a la reducción de la subjetividad y agilizar el proceso de diagnóstico de diferentes enfermedades. En la era actual del análisis de imágenes médicas, el aprendizaje no supervisado se ha convertido en una herramienta crucial para enfrentar el problema de la falta de datos etiquetados, un desafío inherente en el campo de la medicina. Mientras que los enfoques convencionales dependen en gran medida de la supervisión manual para caracterizar y clasificar enfermedades, avances recientes han demostrado la eficacia de técnicas como: las Redes Generativas Adversarias (GAN) y los autoencoders en la extracción de características significativas de conjuntos de datos no etiquetados (Hussein et al., 2019). Al aprovechar la información latente en los datos, estas técnicas permiten una representación más completa y sofisticada de las imágenes, lo que facilita una detección y clasificación de enfermedades más precisa. No obstante, a pesar de los avances prometedores, la adaptación y validación de estos métodos en entornos clínicos reales continúa siendo un área activa de investigación, con desafíos relacionados con la interpretación y la capacidad de generalización de los modelos.

En trabajo de (Magpantay et al., 2022) se utiliza el modelo YOLOv3 para entrenar un modelo de aprendizaje profundo que clasificará todas las células, tanto normales como leucémicas. Los resultados obtenidos son prometedores, debido a que el modelo tiene una pérdida de entrenamiento del 2,8% (lo cual es bajo) y una precisión de entrenamiento del 97,2% (lo cual es alto). Además, según la evaluación del modelo, su valor de mAP (Mean Average Precision, una métrica de evaluación para modelos de detección) es del 99,8%, lo que significa que esta herramienta alcanza niveles de precisión muy significativos. YOLOv3 se ha demostrado como una herramienta útil para distinguir entre células leucémicas y células no leucémicas con gran precisión, gracias a su capacidad para predecir cuadros delimitadores y utilizar una única red **neuronal convolucional** para dividir la imagen en múltiples partes.

El procesamiento de imágenes biomédicas requiere la eliminación de ruido para mejorar la calidad visual y aumentar la precisión del diagnóstico médico, por esto Jintu Merín Thomas y Ameenudeen PE proponen un **autocodificador** para la eliminación de ruido en imágenes médicas, utilizando Redes Neuronales Convolucionales (CNN). El proceso consta de un codificador que genera una representación codificada de menor dimensión a partir de la imagen con ruido y un decodificador que reconstruye la imagen limpia desde la representación codificada. Se emplean capas convolucionales y de maxpooling en el codificador, y capas convolucionales y de upsampling en el decodificador. Se utiliza la función de pérdida Binary Crossentropy y el optimizador "adam" para configurar el aprendizaje. Los autores concluyen que la eliminación de ruido es crucial para el uso preciso de imágenes biomédicas en diagnósticos y tratamientos. El codificador automático desarrollado ha demostrado una eficiente reconstrucción de imágenes con ruido gaussiano, pero se debe mejorar su eficiencia en imágenes con ruido riciano, como imágenes de resonancia magnética. La aplicación de este método tiene un gran potencial para mejorar la calidad y utilidad de las imágenes biomédicas en el campo de la medicina (Thomas & Ameenudeen, 2022)..

Con respecto a la anemia falciforme tenemos que las redes neuronales son altamente implementadas para el diagnóstico de esta enfermedad, donde se destaca el trabajo de Enas Walid Abdulhay et al (Abdulhay et al., 2021) presenta un nuevo método para diagnosticar Malaria y diferentes tipos de Anemia (Anemia Falciforme, Anemia Megaloblástica y Talasemia) de una manera más rápida y económica, sin la necesidad de un laboratorio de análisis. El enfoque utilizado se basa en el uso de redes neuronales convolucionales (CNN) para procesar imágenes de alta resolución de muestras de sangre.

En el procedimiento, se toman diversas imágenes de muestras de sangre y se implementa la técnica de redes neuronales convolucionales mediante el uso de Python para entrenar un modelo con estas imágenes. Una vez que la red neuronal ha sido entrenada, se pone a prueba con otras imágenes para clasificarlas en diferentes categorías, como células sanguíneas normales, Malaria, Anemia de células falciformes, Anemia megaloblástica o Talasemia, La precisión total del método alcanza un 93.4%, lo que muestra resultados prometedores en la clasificación de las diferentes condiciones de salud.

Adicional tenemos el trabajo de Richa Tengshe et al (2021) donde se propone el uso de redes neuronales profundas para detectar la existencia de células falciformes en muestras de sangre, Se clasifican los glóbulos rojos en tres categorías: normales, en forma de hoz y otros componentes de la sangre. Se utiliza la ecualización del histograma para el preprocesamiento y se aplica la técnica de aumento de datos para abordar la escasez de conjuntos de datos. El modelo de red neuronal convolucional, que consta de solo 5 capas, logra una precisión de prueba del 94.57%. Esta solución es liviana y de baja complejidad, En el futuro, se planea mejorar aún más la eficiencia mediante la implementación de técnicas de mejora de datos, como el aprendizaje por transferencia, manteniendo el mismo nivel de complejidad.

En la ponencia Machine Learning Technologies and Applications Proceedings of ICACECS 2020 (Kiran et al., s. f.) se representa una convergencia de metodologías avanzadas y enfoques multidisciplinarios para la detección y clasificación de trastornos sanguíneos, mostrando un progreso significativo hacia la mejora de la precisión diagnóstica y el desarrollo de herramientas más eficientes para la gestión clínica de la anemia de células falciformes y la talasemia, destacando estrategias de preprocesamiento de datos, como la codificación de etiquetas y la división del conjunto de información en datos de entrenamiento y prueba, lo que ha contribuido a mejorar la generalización y la capacidad predictiva de los modelos. En este contexto, la utilización de algoritmos de aprendizaje supervisado, como el Máquina de Vectores de Soporte (SVM), K Vecinos Más Cercanos (KNN), Regresión Logística, Árbol de Decisión y Bosque Aleatorio. Estos algoritmos han permitido la construcción de modelos predictivos robustos, capaces de analizar de manera eficiente el conjunto de datos compuesto por 13 parámetros, para clasificar los pacientes en categorías específicas, ya sea como "Normales", "Células Falciformes" o "Células de Talasemia", Los resultados muestran que los algoritmos de clasificación como SVM, KNN, Regresión Logística, Árbol de Decisión y Bosque Aleatorio dan una precisión de predicción del 76%, 77%, 78%, 95% y 96%, respectivamente. Realizaron una preparación de datos que constan de 1387 pacientes con 13 parámetros que edad, hemoglobina, hematocrito, ancho de distribución de glóbulos rojos, volumen corpuscular medio, hemoglobina corpuscular media, concentración de hemoglobina corpuscular media, glóbulos rojos, reticulocitos, hemoglobina fetal, HBAo, HBA2 y diagnóstico (variable de salida), se etiquetó cada registro de datos de pacientes (Diagnóstico) con AS, AT, BT, EA, EE, ET, NN, SC, SS, ST, TM, TT. Los 12 diagnósticos se convirtieron en tres grupos principales: NN = N (Células Normales), AS, SC, SS, ST = S (Células Falciformes), AT, BT, EA, EE, ET, TM, TT = T (Células de Talasemia). Se utilizó Label Encoder en Python (como parte de la biblioteca Sci-kit Learn) para convertir datos categóricos en números (N-0, S-1, y T-2), Finalmente muestran que el algoritmo de Bosque Aleatorio brinda una alta precisión de predicción en la identificación de la enfermedad de células falciformes a partir de las muestras de sangre, Los resultados indican que los algoritmos de Bosque Aleatorio y Árbol de Decisión logran la mayor precisión, alcanzando un 96% y 95% respectivamente.

En el ámbito de la investigación sobre la anemia falciforme los investigadores Mohammed Gollapalli y Aljawharah Alfaleh (Gollapalli & Alfaleh, 2023) llevaron a cabo un análisis retrospectivo y la aplicación de algoritmos de clasificación de minería de datos para examinar información de pacientes con esta condición. Este análisis se basó en registros hospitalarios exhaustivos, incluyendo información sobre hospitalización, visitas al hospital, motivos de admisión, departamento de ingreso, duración del tratamiento, análisis de sangre, sección de transferencia y motivo de alta. Se implementaron cinco modelos de clasificación, como Naive Bayes, J48, SVM, NN y PART, con diez validaciones cruzadas y una optimización de parámetros para obtener resultados óptimos. Destacando entre ellos, el algoritmo Naïve Bayes logró una precisión del 95,50%, clasificando de manera eficiente los casos clínicos y proporcionando correlaciones detalladas. Los resultados de esta investigación permitieron extraer grupos de conocimientos relevantes sobre servicios.

En la misma línea tenemos la investigación de Chayashree Patgiri y Amrita Ganguly (Chayashree Patgiri & Amrita Ganguly, 2019a) han detectado glóbulos rojos normales y anormales utilizando la técnica de umbral de Niblack a partir de imágenes microscópicas de sangre de un paciente con anemia falciforme. El proceso implica el preprocesamiento de frotis de sangre microscópico y la segmentación de la imagen preprocesada utilizando el algoritmo de umbral de Niblack. Luego, utilizando las características geométricas de las células sanguíneas, se calcula una métrica (factor de forma) para clasificar los glóbulos rojos normales y las células anormales.

En los estudios revisados, se destaca la relevancia del análisis de datos mediante técnicas de aprendizaje automático y el procesamiento de imágenes médicas en el diagnóstico de la anemia falciforme. La metodología generalizada consiste en la adquisición inicial de datos, seguida del procesamiento de información o imágenes para eliminar posibles ruidos en los datos. Posteriormente, en un tercer paso, se lleva a cabo la segmentación de los datos o la imagen para entrenar la técnica de aprendizaje automático. El cuarto paso implica el diagnóstico de la enfermedad, y finalmente, se evalúa el rendimiento de la solución propuesta.

CAPITULO IV

Fundamentos teóricos

Anemia falciforme

La anemia de células falciformes (SCA) es una enfermedad causada por la producción de hemoglobina anormal, que se une a otras moléculas de hemoglobina anormales dentro de los glóbulos rojos para provocar una deformación rígida de la célula. Esta deformación perjudica la capacidad de la célula para pasar a través de pequeños canales vasculares; Puede producirse sedimentación y congestión de los lechos vasculares, seguidos de isquemia tisular e infarto(Lonergan et al., 2001) La anemia falciforme o sickle cell disease (SCD) es una enfermedad debilitante que puede causar dolor, daño en los órganos y puede aumentar el riesgo de infecciones. Además, puede causar complicaciones graves como accidentes cerebrovasculares, crisis de dolor agudo, daño en los huesos y problemas de visión (Chayashree Patgiri & Amrita Ganguly, 2019)

Recientemente, el consorcio de Investigación de África de la Anemia Falciforme en Nigeria (SPARC-NEt) plasmaron en un artículo (Isa et al., 2023)lo siguiente: El tratamiento para la anemia falciforme busca controlar síntomas, prevenir complicaciones y mejorar la calidad de vida. Incluye medidas para controlar el dolor, prevenir infecciones y tratar complicaciones, como transfusiones, medicamentos y trasplantes de médula ósea. También, es importante llevar un estilo de vida saludable y trabajar con un equipo médico especializado. Así que, la anemia falciforme es una enfermedad que, hasta el día de hoy, no tiene cura, pero puede ser controlada, de ahí la importancia de una detección temprana.

La detección de la anemia falciforme se realiza mediante un análisis de sangre que busca la presencia de la hemoglobina S, que es la hemoglobina anormal que causa la enfermedad. Este análisis se llama electroforesis de hemoglobina y se realiza en un laboratorio. También, se pueden realizar pruebas genéticas para detectar la presencia de la mutación del gen HBB que causa la anemia falciforme. Como se mencionó anteriormente, es importante que las personas con antecedentes familiares de anemia falciforme o que pertenecen a grupos étnicos con mayor riesgo de padecer la enfermedad se sometan a estas pruebas de detección (Modolo et al., 2022).

Modelos de Machine Learning

El Machine Learning es un subcampo de la Inteligencia Artificial que se centra en el desarrollo de algoritmos y modelos que les permiten a las máquinas aprender y mejorar su rendimiento. También, se puede definir como una disciplina que estudia métodos para inferir de manera automática modelos a partir de datos (Sen et al., 2021b).

Para entender con claridad el Machine Learning es necesario comprender los conceptos clave de este: los modelos, los métodos y aplicaciones.

Los modelos en Machine Learning son representaciones que las máquinas construyen a partir de los datos proporcionados. Se puede imaginar un algoritmo de aprendizaje como un maestro que toma información y la convierte en un modelo.

Este modelo es como un resumen de lo que está en la información. Muchos algoritmos de Machine Learning hacen algo parecido a adivinar basándose en lo que ven en los datos. Si no hicieran esto, solo estarían memorizando los datos. Por lo tanto, un modelo de Machine Learning generalmente tiene partes de datos reales y también suposiciones que pueden predecir cosas. El proceso de construir estos modelos a partir de datos se llama 'entrenamiento'. Los modelos pueden ser de diferentes tipos, como modelos basados en redes neuronales para tareas complejas como reconocimiento de imágenes o modelos de regresión para predecir valores numéricos. Estos modelos representan el conocimiento aprendido por la máquina y se utilizan para tomar decisiones, realizar predicciones o realizar tareas específicas en función de nuevos datos (Sen et al., 2021).

Por otro lado, los métodos o tipos de Machine Learning, como también se encuentran en la literatura, se clasifican en cuatro principales: Aprendizaje reforzado, Aprendizaje supervisado, Aprendizaje no supervisado y Aprendizaje profundo(Rojas, 2020).

Aprendizaje supervisado

El aprendizaje supervisado constituye una técnica dentro del campo del aprendizaje automático donde todos los datos de entrenamiento son marcados con etiquetas, lo que da como resultado un conjunto de entrenamiento compuesto por instancias emparejadas con sus respectivas etiquetas. En consecuencia, el algoritmo supervisado adquiere conocimiento acerca de las entradas y salidas durante el proceso de entrenamiento. En el contexto del aprendizaje supervisado, se comienza con un conjunto de datos que incluye ejemplos de entrenamiento vinculados a etiquetas. Por ejemplo, al abordar la tarea de clasificar números escritos a mano, se emplea un algoritmo de aprendizaje supervisado que procesa miles de imágenes de números manuscritos, cada una con una etiqueta que indica el número correcto que representa dicha imagen. En este proceso, el algoritmo asimila la relación existente entre las imágenes y los números asociados a ellas, para luego aplicar esta relación aprendida con el fin de clasificar imágenes completamente nuevas (que carecen de etiquetas) y que la computadora no ha encontrado previamente (Andrés & Cruz, 2020).

El aprendizaje supervisado tiene dos aplicaciones: clasificación y regresión.

La clasificación es un método supervisado en el cual la máquina se instruye a partir de los datos de entrada proporcionados y luego utiliza este conocimiento para asignar una nueva observación a una categoría específica. El propósito es anticipar la etiqueta correspondiente a una de las clases para nuevas situaciones, basándose en observaciones previas. Por otro lado, la regresión también se usa para asignar categorías a datos sin etiquetar. (Andrés & Cruz, 2020)

Modelos de aprendizaje supervisado

- **Regresión Lineal:** La regresión lineal es un método popular para modelar relaciones entre variables. Asume que existe una relación lineal entre las variables independientes y la variable dependiente. El modelo representa esta relación con una ecuación lineal, donde los coeficientes de las variables independientes mapean su relación con la variable dependiente y el valor del intercepto mapea el punto en el eje Y donde se cruza la línea de regresión. Este método se usa ampliamente para la regresión simple donde solo se usa una variable independiente para predecir el valor numérico de la variable dependiente. Sin embargo, en el caso de la regresión múltiple, se pueden usar múltiples variables independientes para predecir la variable dependiente(Srinivasan et al., 2023).

Regresión Logística: La regresión logística es un modelo que ayuda a predecir si ocurrirá un evento basado en probabilidades. Utiliza una función logit para ajustar los datos entre 0 y 1, representando las posibilidades. Es útil para pronosticar eventos como "sí" o "no" y entender cómo los factores influyen en esas probabilidades. (Ayús et al., 2019)

La regresión logística se usa cuando tienes una variable con categorías (como "sí" o "no"). Esta técnica calcula la probabilidad de que la variable tome un valor específico, y se crea una función basada en esta probabilidad. De esta manera, puedes prever el resultado que previamente has definido para la variable. (Daniel Alejandro Alba Vega & Javier Fernando Calle Jara, 2020)

- **Árboles de Decisión:** Los árboles de decisión son algoritmos estadísticos o técnicas de machine learning que nos permiten la construcción de modelos predictivos de analítica de datos para el Big Data basados en su clasificación según ciertas características o propiedades, o en la regresión mediante la relación entre distintas variables para predecir el valor de otra. El árbol de decisión es una estructura que está formada por ramas y nodos de distintos tipos: Los nodos internos representan cada una de las características o propiedades a considerar para tomar una decisión. Las ramas representan la decisión en función de una determinada condición (p. ej. probabilidad de ocurrencia). Los nodos finales representan el resultado de la decisión. Se emplean generalmente en Big Data para predecir la probabilidad de conseguir un determinado resultado en base a ciertas condiciones (incertidumbre). (*Árboles de decisión: qué son y cuál es su uso en Big Data*, s. f.)

- **Random Forest:** Según (Bishop, 2006; Walker, 2013) citados en (Labañino Urbina et al., 2019)Random Forest es un algoritmo de clasificación muy usado por los científicos de datos, el mismo consiste en combinación de árboles predictores en la que cada árbol depende de los valores de un vector aleatorio probado independientemente y con la misma distribución para cada uno de estos. El algoritmo fue desarrollado por Leo Breiman y Adele Cutler, siendo Random Forest la marca de fábrica. Su funcionamiento es basado en los árboles de decisión, pero mejora la precisHión en la clasificación mediante la incorporación de aleatoriedad en la construcción de cada clasificador individual.
- **Máquinas de Vectores de Soporte (SVM):** Las Máquinas de Vectores de Soporte (SVM) son una técnica que permite clasificar datos de manera precisa y confiable, incluso cuando los datos son complejos y no pueden separarse en líneas rectas. Utilizan una transformación de núcleo para linealizar los datos de manera implícita, lo que elimina la necesidad de

decisiones subjetivas en la elección de funciones de linealización. Las SVM operan a nivel local, lo que les permite reflejar las características específicas de cada caso y compararlas con ejemplos similares en el conjunto de entrenamiento. Aunque no generan una función de puntuación paramétrica, su aproximación lineal local puede ayudar a entender cómo los diferentes ratios financieros se relacionan con los resultados finales. Las SVM se consideran una valiosa herramienta para complementar las técnicas de clasificación lineal convencionales(Mosquera et al., 2018a).

Los SVM inicialmente fueron pensados para resolver problemas de clasificación binaria, actualmente se utilizan para resolver problemas como regresión, agrupamiento y multiclasificaciones, también es aplicado en diversos campos como lo son: visión artificial, reconocimiento de caracteres, categorización de texto e hipertexto, clasificación de proteínas, procesamiento de lenguaje profesional, análisis de series temporales.(Carmona, 2016)

Los SVM abordan los problemas de clasificación y regresión no lineal mediante el mapeo de datos de entrada hacia un espacio de alta dimensión donde la superficie para la decisión final es lineal.(Acuña et al., 2014)

- **Naive Bayes:** Según (Chandra et al., 2007) citado por (Mosquera et al., 2018b) El algoritmo clasificador Naïve-Bayes (NBC), es un clasificador probabilístico simple con fuerte suposición de independencia. Aunque la suposición de la independencia de los atributos es generalmente una suposición pobre y se viola a menudo para los conjuntos de datos verdaderos. A menudo proporciona una mejor precisión de clasificación en conjuntos de datos en tiempo real que cualquier otro clasificador. También requiere una pequeña cantidad de datos de entrenamiento. El clasificador Naïve-Bayes aprende de los datos de entrenamiento y luego predice la clase de la instancia de prueba con la mayor probabilidad posterior. También es útil para datos dimensionales altos ya que la probabilidad de cada atributo se estima independientemente

- **Gradient Boosting:** Es un método de ensamble diseñado para combinar clasificadores débiles y formar un buen clasificador, Otra definición, un algoritmo de boosting es aquel que al ser provisto de un número razonable de muestras etiquetadas y de un algoritmo de aprendizaje débil, es capaz de producir una hipótesis que realice predicciones casi perfectas en muestras que no han sido vistas durante el entrenamiento, para probar un algoritmo de boosting es necesario demostrar que el error de generalización del modelo que genera puede hacerse tan pequeño como se quiera. El análisis debe centrarse en el error de generalización, pues éste es quien mide el error cometido al clasificar muestras que son desconocidas para el modelo, que no han sido vistas durante la etapa de entrenamiento, es importante mencionar que el algoritmo AdaBoost es el más utilizado categorizado como boosting (Bernardo Martínez Celda, 2021) .

Aprendizaje no supervisado

El aprendizaje no supervisado es un enfoque en el campo del aprendizaje automático que no requiere datos etiquetados previamente, a diferencia del aprendizaje supervisado. Se centra en la identificación de similitudes y patrones ocultos dentro de conjuntos de datos no etiquetados para agruparlos en categorías o clústeres. Esto permite descubrir estructuras y relaciones intrínsecas en los datos sin la necesidad de supervisión externa. Por ejemplo, en sistemas de Internet de las cosas (IoT), el aprendizaje no supervisado se puede utilizar para analizar la correlación entre múltiples variables y detectar ataques de Denegación de Servicio (DoS), así como para garantizar la autenticación basada en la capa física (PHY) con protección de la privacidad. Los algoritmos de Aprendizaje no supervisado más relevantes son: K-Means Algorithm y Principal Component Analysis (PCA). (Institute of Electrical and Electronics Engineers & Hindusthan Institute of Technology, 2020)

Deep Learning

El Deep Learning, o Aprendizaje Profundo, es un subcampo del Machine Learning (Aprendizaje Automático) que utiliza una estructura jerárquica de redes neuronales artificiales, redes recurrentes que se construyen de forma similar a la estructura neuronal del cerebro humano, con los nodos de las neuronas conectados como una tela de araña. Esta arquitectura permite el análisis no lineal de datos, El Aprendizaje Profundo, como otros algoritmos de Machine learning, enseña a los ordenadores a hacer lo que es natural para los humanos: aprender con el ejemplo (Centeno Franco Sevilla, 2019)

Viéndolo desde un punto de vista de conjuntos se pueden generalizar en la Figura 1:

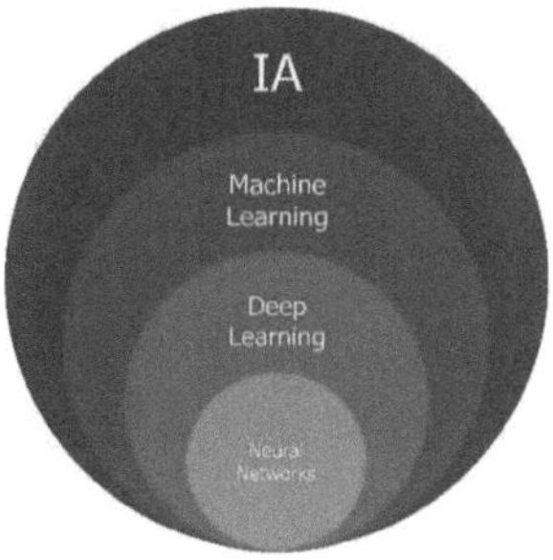

Figura 1: Representación en conjuntos sobre la inteligencia artificial
Fuentes: elaboración propia

Las redes neuronales son una de las técnicas más utilizadas del aprendizaje automático (Machine Learning). Este campo de la inteligencia artificial engloba a aquellos algoritmos basados en modelos (representaciones matemáticas de la realidad) predefinidos que son ajustados en base a los datos disponibles para resolver un problema específico (Pérez et al., 2021).

Las redes neuronales utilizan modelos matemáticos inspirados en las neuronas humanas. Existen dos tipos de paradigmas para definir estos modelos: el simbólico y el conexionista. Los simbólicos utilizan el análisis formal y la lógica para manipular representaciones abstractas de un problema. Esto permite comprender el razonamiento que subyace a las decisiones del algoritmo, lo que aumenta la confianza en su uso para problemas del mundo real. Los modelos más utilizados en simbólica son los sistemas basados en reglas y los árboles de decisión. En cambio, el conexionismo carece de la cualidad autoexplicativa de la simbólica. Busca patrones en los datos para procesarlos mediante una red de nodos conectados, donde su distribución y conexiones representan el modelo del problema. El modelo principal del conexionismo son las redes neuronales (Pérez et al., 2021).

Según Hu et al., los estudios realizados por Jain, V. y Seung, S. (2009), Spanhol, FA, Oliveira, LS, Petitjean, C. y Heutte, L. (2016) y aj-Hassan, H., Chaddad, A., Harkouss, Y., Desrosiers, C., Toews, M. y Tanougast, C. (2017) Determinaron que las redes neuronales convolucionales (CNN, por sus siglas en inglés) son un tipo de arquitectura de aprendizaje profundo que se utiliza normalmente en el procesamiento de imágenes y reconocimiento visual. Estas redes están inspiradas en la organización del sistema biológico visual y son especialmente efectivas en tareas de visión por computadora, como la detección y clasificación de objetos en imágenes.

Los autocodificadores son redes neuronales artificiales que se entrenan de manera no supervisada. Su objetivo principal es aprender las representaciones codificadas de nuestros datos y, posteriormente, generar datos de entrada que sean lo más parecidos posible a partir de esas representaciones codificadas aprendidas. Estos tienen una estructura codificador-decodificador, siendo el codificador el encargado de proyectar los datos iniciales a una dimensión menor, y el decodificador generará la nueva distribución de datos en el espacio inicial a partir de los datos codificados en el espacio reducido, codificador y decodificador son simples transformaciones lineales que pueden expresarse como matric(Álvaro Baños Izquierdo, 2022)

Las Redes de creencia profunda (DBN) son una estructura de red multicapa que está apilada por múltiples máquinas Boltzmann restringidas (RBM). DBN es un tipo de red neuronal artificial profunda que puede aprender características de los datos de forma autónoma y tiene una representación más completa de los datos originales debido a su estructura de red. Se usa comúnmente en el aprendizaje automático para el aprendizaje de características y tareas de clasificación (Hu et al., 2018).

CAPITULO V

DESARROLLO

MATERIALES Y MÉTODOS

El flujo de trabajo del modelo se diseñó para procesar y analizar sistemáticamente los datos mediante una serie de pasos interconectados. Cada elemento de la Figura 4 representa un componente crucial que contribuye a la funcionalidad y eficiencia general del sistema propuesto. Al examinar estos componentes, se puede comprender mejor cómo fluye la información a través del sistema y cómo interactúan las diferentes etapas para producir los resultados deseados.

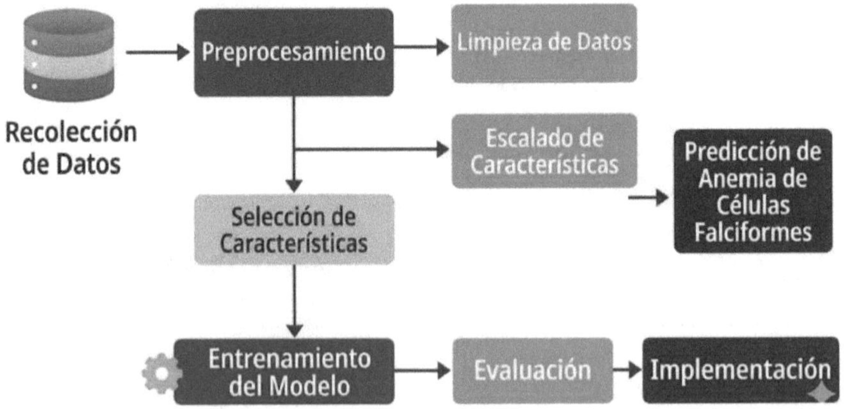

Figura 4. Flujo de trabajo del modelo propuesto.

Los pasos utilizados para entrenar el modelo e implementar el sistema se describen a continuación en la metodología:

1) RECOLECCIÓN Y PREPROCESAMIENTO DEL CONJUNTO DE DATOS:

- Fuente: Conjunto de datos del Instituto Médico con 411 instancias.
- Limpieza de datos: Eliminación de registros incompletos o inconsistentes.
- Preprocesamiento de datos: El conjunto de datos analizado, compuesto por 411 registros de pacientes con anemia normocítica (objetivo = 0,157 casos) y anemia de células falciformes (objetivo = 1,254 casos), se sometió a un riguroso proceso de preprocesamiento. Inicialmente, se verificó la integridad de los datos, confirmando la ausencia de valores faltantes. Para garantizar la consistencia en los modelos sensibles a la escala, las variables numéricas (edad, sexo, glóbulos rojos, volumen urinario central (PCR), volumen urinario medio (MCV), hemoglobina urinaria media (HCM), hemoglobina urinaria media (HCM), hemoglobina urinaria media (RDW), bilirrubina total (TLC), plaquetas (PLT), hemoglobina urinaria media (HGB)) se estandarizaron utilizando el Escalador Estándar, transformando cada característica para que tuviera una media de cero y una desviación estándar de unidad. Para gestionar el desequilibrio de clases, dada la distribución desigual de las clases, se implementó la técnica híbrida SMOTETomek, que combina la Técnica de Sobremuestreo Sintético de Minorías (SMOTE) con Enlaces Tomek. SMOTE genera muestras sintéticas para la clase minoritaria (anemia de células falciformes) mediante la interpolación de características vecinas, mientras que Enlaces Tomek elimina las instancias redundantes o conflictivas de la clase mayoritaria, mejorando

la separabilidad entre grupos. Esta estrategia equilibra las clases sin introducir ruido significativo, a diferencia de enfoques como el submuestreo aleatorio, que pueden omitir información crítica.

2) SELECCIÓN E INGENIERÍA DE CARACTERÍSTICAS:

- Parámetros como edad, sexo, glóbulos rojos (RBC), volumen corpuscular (PCV), volumen corpuscular medio (MCV), hemoglobina media (MCH), hemoglobina media (MCHC), RDW, TLC, plaquetas (PLT) y hemoglobina (HGB) se seleccionan en función de su importancia diagnóstica. Estos umbrales se utilizaron para determinar si un paciente padece anemia de células falciformes:

- Recuento de glóbulos rojos (RBC). Anemia de células falciformes: bajo o normal (según el grado de hemólisis). Valores de referencia:

• Hombres: 4,7–6,1 millones/µL

• Mujeres: 4,2–5,4 millones/µL

• Niños: 4,1–5,5 millones/µL

- Hematocrito (PCV): en la anemia de células falciformes: Bajo debido a anemia crónica. Valores de referencia:

• Hombres: 40–54%

• Mujeres: 36–48%

• Niños: 34–40%

- Volumen corpuscular medio (MCV): en la anemia de células falciformes, es normal o ligeramente elevado. Valores de referencia: 80–100 fL

- Hemoglobina corpuscular media (HCM): en la anemia de células falciformes, es normal o ligeramente bajo. Valores de referencia: 27–32.

- Concentración de hemoglobina corpuscular media (CHCM), en anemia falciforme, normal o ligeramente elevada (debido a la deformación celular), valores de referencia: 32-36 g/dL

- Ancho de distribución eritrocitaria (RDW), en anemia falciforme: elevado, lo que indica variabilidad en el tamaño de los eritrocitos debido a la hemólisis, valores de referencia: 11,5-14,5%

- Recuento total de leucocitos (TLC), en anemia falciforme: elevado debido a inflamación crónica o crisis vasooclusivas, valores de referencia: 4000-11 000 células/µL

- Plaquetas (PLT), la incidencia de anemia falciforme es elevada, especialmente en pacientes con asplenia funcional, valores de referencia: 150 000-450 000/mm^3

- Hemoglobina (HGB), la anemia falciforme es baja (6-10 g/dL, dependiendo de la gravedad y la frecuencia de los ataques), valores de referencia:

• Hombres: 13,8–17,2 g/dL

• Mujeres: 12,1–15,1 g/dL

• Niños: 11,1–16,1 g/dL.

3) ENTRENAMIENTO DEL MODELO:

- Algoritmos: Árbol de decisión, Bosque aleatorio, Regresión logística, Clasificador K-vecinos, Bayesiano ingenuo gaussiano

- Conjunto de datos dividido en conjuntos de entrenamiento (80%) y de prueba (20%).

4) EVALUACIÓN:

Métricas de evaluación como exactitud, precisión, sensibilidad (recall), puntuación F1 y curva ROC (AUC-ROC) son esenciales para validar el rendimiento de los modelos predictivos en la detección de la anemia de células falciformes.

5) IMPLEMENTACIÓN:

- Integración en un sistema de diagnóstico para uso clínico.

B. DEFINICIÓN DEL CONJUNTO DE DATOS

- Fuente de los datos: Los datos fueron proporcionados por el Instituto Médico, ubicado en la ciudad de Ciudad de México. Se recopilaron 411 casos, correspondientes al mismo número de pacientes. Los datos de este conjunto corresponden a pacientes con anemia normocítica y anemia de células falciformes. Las variables clínicas consideradas en este estudio se presentan en la Tabla 1.

- TABLA 1
- DESCRIPCIÓN DEL DATASET

Variable	Abbreviation
Age	Age
Gender	Gender
Hemoglobin	HGB
Mean cell volume	MCV

Variable	Abbreviation
Mean cellular hemoglobin	MCH
Mean cellular hemoglobin concentration	MCHC
Red blood cell distribution width	RDW
Red blood cell count	RBC
White blood cell count	WBC
Platelet count	PLT
Packed cell volume	PCV

Este estudio utilizó un conjunto de datos de pacientes diagnosticados con anemia de células falciformes y anemia normocítica, recopilados en la clínica IMAT y el Instituto Mexicano del Seguro Socialde México. La selección de estas dos clases se basó en la escasez de registros clínicos disponibles para la anemia de células falciformes, un desafío documentado en la literatura médica. La inclusión de otros tipos de anemia, como se propone en (Gómez et al., 2025), habría incrementado el desequilibrio de clases debido a la marcada disparidad en la representación de los casos. Cabe destacar que, en el estudio mencionado, la anemia de células falciformes se excluyó del análisis debido a la falta de datos suficientes para entrenar modelos robustos, una limitación que refleja un problema sistémico, y la recopilación de datos clínicos sobre esta variante ha sido marginal, dada su naturaleza infradiagnosticada y su menor prevalencia en entornos médicos hasta hace poco. Para abordar esta brecha y desarrollar modelos de clasificación confiables, se adoptó una estrategia binaria. El conjunto de datos final se estructuró asignando una etiqueta de 0 a los pacientes con anemia normocítica (clase minoritaria) y 1 a aquellos con anemia de células falciformes (clase mayoritaria), asegurando así una base analítica equilibrada y reproducible. Esta codificación, que especifica las características de las dos clases, se presenta en detalle en la Tabla 2.

- TABLA 2
- CLASIFICACIÓN DE TIPOS DE ANEMIA

Tipo de anemia	Clase
Anemia Normocita	0
Anemia Falciforme	1

1) MÉTRICAS

Las métricas utilizadas para los modelos de aprendizaje supervisado [29] se muestran a continuación:

Precisión: sirve como una medida sencilla y fácil de entender para evaluar los modelos de clasificación. Sin embargo, podría no ser adecuada para conjuntos de datos con un desequilibrio de clases significativo, donde una categoría supera con creces a la otra en número. En estas situaciones, otras métricas como la precisión, la recuperación o la puntuación F1 podrían ofrecer información más valiosa sobre el rendimiento del modelo.

$$Acurracy = \frac{TP + TN}{TP + TN + FP + FN}$$

Precisión: es especialmente valiosa en situaciones donde las consecuencias de los falsos positivos son significativas, ya que enfatiza la exactitud de las predicciones positivas. Se determina dividiendo el recuento de verdaderos positivos entre el total de verdaderos positivos y falsos positivos. Esta medida se emplea con frecuencia en campos como la recuperación de información, el diagnóstico médico y los sistemas de detección de spam, donde la reducción de falsas alarmas es esencial.

$$Precision = \frac{TP}{TF + FP}$$

Recall, también conocida como sensibilidad, evalúa el porcentaje de casos positivos verdaderos que el modelo detecta con precisión. Esta métrica es especialmente valiosa en situaciones donde la falta de identificación de casos positivos puede tener consecuencias significativas, como en el diagnóstico médico o la prevención del fraude. La puntuación F1, que representa la media armónica de la precisión y la recuperación, ofrece una evaluación completa de la eficacia de un modelo, especialmente al trabajar con conjuntos de datos no balanceados.

$$Recall = \frac{TP}{TP + FN}$$

Especificidad: es especialmente importante en escenarios donde los falsos positivos pueden generar costos o complicaciones innecesarios, como en pruebas diagnósticas o controles de seguridad. La precisión de un modelo, que representa la proporción general de predicciones correctas, proporciona una medida general del rendimiento, pero puede ser engañosa en casos de desequilibrio de clases.

$$Specificity = \frac{TN}{TN + FP}$$

F1 Score: integra la precisión y la recuperación en una métrica unificada, ofreciendo una evaluación equilibrada del rendimiento de un modelo. Esta medida es especialmente valiosa al trabajar con conjuntos de datos desequilibrados, donde basarse únicamente en la precisión podría no reflejar plenamente la eficacia del modelo. La puntuación F1 se determina calculando la media armónica de la precisión y la recuperación, lo que permite tener en cuenta tanto los falsos positivos como los falsos negativos.

$$F1\,Score = \frac{2 * Precision * Recall}{2 * TP + FP + FN}$$

Curvas características operativas del receptor (ROC) y área bajo la curva (AUC): las métricas ofrecen una evaluación más completa del desempeño de un modelo en diferentes umbrales de clasificación, lo que permite una mejor comprensión de las compensaciones entre sensibilidad y especificidad.

CAPITULO VI

RESULTADOS Y DISCUSIÓN

1) COMPARACIÓN DE VARIABLES HEMATOLÓGICAS.

La Figura 5 muestra cuatro diagramas de dispersión que comparan pares de variables hematológicas para los dos grupos de pacientes: aquellos con anemia de células falciformes (verde) y aquellos con anemia normocítica (azul). En términos generales, cada subgráfico refleja la relación entre dos parámetros clave del hemograma completo, lo que permite visualizar las diferencias de distribución entre los dos tipos de anemia. Las interpretaciones más relevantes para cada uno se describen a continuación.

- Gráfico superior izquierdo (GR vs. VHC)

• GR (recuento de glóbulos rojos): Recuento de glóbulos rojos.

• VHC (volumen hematocrito o hematocrito): Volumen de glóbulos rojos en relación con el volumen sanguíneo total.

• Se observó una correlación positiva entre el recuento de GR y el VHC en ambos grupos (un recuento de GR más alto generalmente indica un VHC más alto). Sin embargo, los puntos verdes (anemia de células falciformes) tendieron a agruparse en valores más bajos de GR y VHC que los puntos azules (anemia normocítica).

Esto sugiere que los pacientes con anemia de células falciformes suelen tener un recuento de glóbulos rojos y un hematocrito más bajos.

- Gráfico superior derecho (VCM vs. HCM)

• Volumen Corpuscular Medio (VCM): volumen promedio de cada glóbulo rojo.

• HCM (Hemoglobina Corpuscular Media): cantidad promedio de hemoglobina por glóbulo rojo.

• También se observó una correlación positiva: a medida que aumentaba el VCM, aumentaba la HCM. Aunque existe cierta superposición entre los dos grupos, en general, los puntos de anemia de células falciformes (verdes) se distribuyen hacia valores que pueden ser ligeramente diferentes o más dispersos, lo que indica variabilidad en el tamaño y el contenido de hemoglobina de los glóbulos rojos. Sin embargo, en la práctica clínica, la anemia de células falciformes puede presentarse con un VCM y un HCM normales o ligeramente elevados, cercanos a los límites bajos o normales.

- Gráfico inferior izquierdo (VCM vs. HGB)

• HGB (hemoglobina): concentración total de hemoglobina en sangre.

• VCM (Células Conglomeradas): como se indicó anteriormente, este es el hematocrito. Se observó una fuerte correlación entre el volumen de glóbulos rojos (VPC) y la hemoglobina (HGB) en ambos grupos, ya que un nivel más bajo de hemoglobina tendía a correlacionarse con un hematocrito reducido. Los pacientes con anemia de células falciformes (verde) se concentraron principalmente con valores más bajos de VPC y HGB, lo que refleja su tendencia a presentar una anemia más pronunciada.

- Gráfico inferior derecho (GR vs. HGB)

• GR (Recuento de glóbulos rojos)

• HGB (Hemoglobina)

• De igual manera, se observó una correlación positiva entre el número de glóbulos rojos y la concentración de hemoglobina. Los puntos verdes (hoz) se concentran principalmente en el área con los recuentos más bajos de GR y HGB, lo que refuerza la idea de que la anemia de células falciformes suele presentar recuentos más bajos de hemoglobina y glóbulos rojos.

Distribución por grupos: Aunque hubo solapamiento entre ambas afecciones en algunos parámetros, en general, los pacientes con anemia de células falciformes (verde) tendieron a tener valores más bajos de GR, HGB y VPC, en consonancia con la anemia hemolítica crónica. Correlaciones esperadas: Los pares de variables (RBC-PCV, PCV-HGB y RBC-HGB) muestran una correlación fisiológica típica: si el recuento de glóbulos rojos o el nivel de hemoglobina disminuyen, el hematocrito generalmente también disminuye.

Diferencias en el VCM y la HCM: Si bien la anemia de células falciformes puede presentar VCM y HCM en rangos cercanos a la normalidad (normocítica o ligeramente elevada), el diagrama superior derecho refleja una dispersión que, junto con los demás parámetros, permite distinguirla de la anemia normocítica clásica (azul).

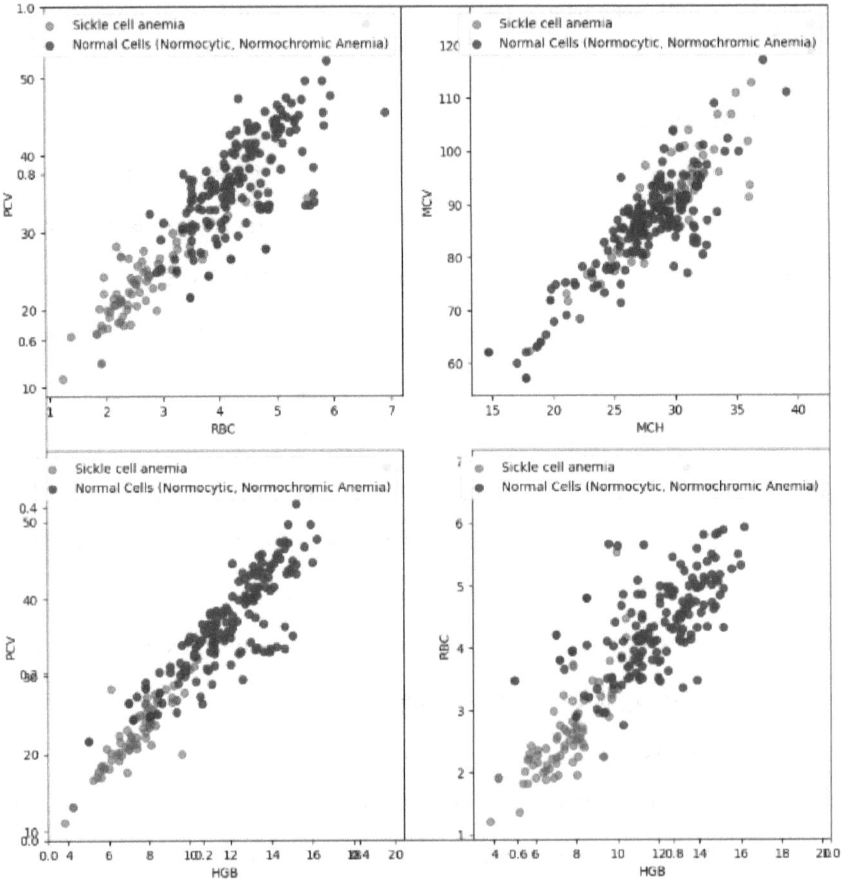

Figura 5. Comportamiento de la anemia falciforme y normocítica.

2) COMPARACIÓN DE ALGORITMOS DE APRENDIZAJE SUPERVISADO

Se entrenaron los modelos de Árbol de Decisión, Bosque Aleatorio, Bayesiano Naive, Regresión Logística y K-Vecinos. La Tabla 3 y la Figura 6 muestran los resultados obtenidos para cada uno de los modelos de aprendizaje supervisado entrenados.

- TABLA 3

- COMPARACIÓN DE MODELOS DE MACHINE LEARNING.

Models	Precision	Recall	F1-Score	Accuracy
Decision Tree	1.000	0.933	0.966	0.952
Random Forest	0.983	0.983	0.983	0.976
Naive Bayes	0.951	0.967	0.959	0.940
Logistic Regression	0.947	0.900	0.923	0.892
K-Neighbors	0.944	0.850	0.895	0.855

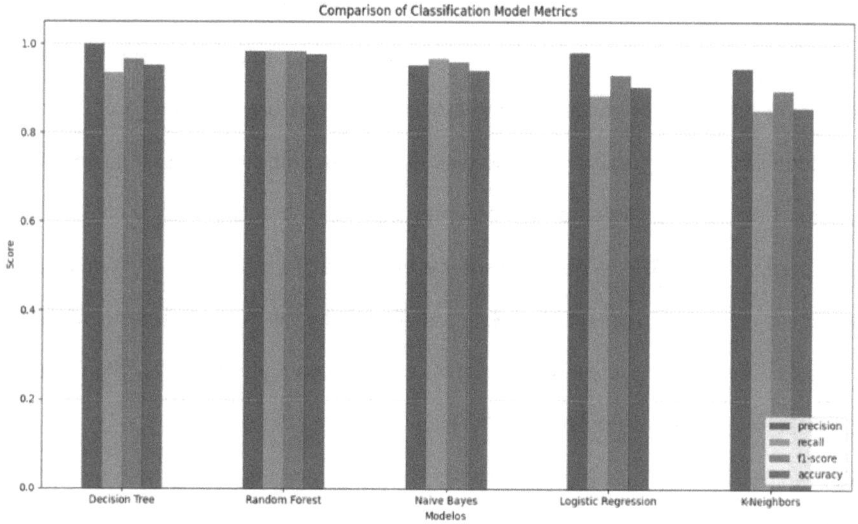

Figura 6. Comparación de las métricas del modelo de clasificación.

Los modelos de aprendizaje supervisado evaluados demostraron un rendimiento heterogéneo en la clasificación de la anemia falciforme y la anemia normocítica, con diferencias notables.

El modelo Random Forest demostró el rendimiento más equilibrado y robusto entre todos los algoritmos probados. Alcanzó una precisión de 0,983, una recuperación de 0,983 y una puntuación f1 de 0,983, lo que indica una alta consistencia en la identificación correcta de casos positivos y la minimización de falsos negativos. La precisión de 0,976 reafirma su eficacia general, consolidándolo como la opción con el mejor rendimiento general.

El modelo de Árbol de Decisión alcanzó una precisión perfecta de 1,000, lo que implica que no produjo falsos positivos. Sin embargo, su recuperación fue de 0,933, ligeramente inferior a la del Random Forest, lo que sugiere que el modelo no identificó todos los casos positivos. A pesar de ello, su puntuación f1 de 0,966 y su precisión de 0,952 indicaron un rendimiento notable, aunque con mayor susceptibilidad al sobreajuste debido a su naturaleza determinista. El modelo Naive Bayes tuvo un rendimiento competente, con una precisión de 0,951 y una recuperación de 0,967, lo que lo convierte en un clasificador eficaz para minimizar los casos positivos no detectados. Su puntuación f1 de 0,959 y su precisión de 0,940 lo posicionan como una alternativa fiable, aunque ligeramente menos precisa que un Bosque Aleatorio o un Árbol de Decisión.

Por el contrario, la Regresión Logística mostró un rendimiento más modesto, con una precisión de 0,947 y una recuperación de 0,900, lo que refleja una mayor tasa de falsos negativos. Su puntuación f1 de 0,923 y su precisión de 0,892 reflejan un rendimiento aceptable, pero son insuficientes en comparación con modelos más avanzados en este contexto.

Finalmente, el algoritmo K-Vecinos Más Cercanos (K-NN) tuvo el peor rendimiento entre los modelos analizados, con una precisión de 0,944, una recuperación de 0,850 y una puntuación f1 de 0,895. La precisión general de 0,855 indicó una menor capacidad de generalización adecuada, especialmente en la identificación de casos positivos.

En general, los resultados sugieren que Random Forest ofrece la mejor combinación de sensibilidad, precisión y capacidad de generalización para esta tarea específica, mientras que los árboles de decisión y el método Bayesiano ingenuo también son alternativas viables según el nivel de complejidad y los requisitos del sistema de diagnóstico.

3) EVALUACIÓN DE LAS MÉTRICAS DEL ALGORITMO DE BOSQUE ALEATORIO

La figura 7 muestra la matriz de confusión del algoritmo de Bosque ALEATORIO. Esta matriz representa una clasificación binaria que distingue dos clases: anemia normocítica (0) y anemia de células falciformes (1). La tabla IV presenta los resultados de la matriz.

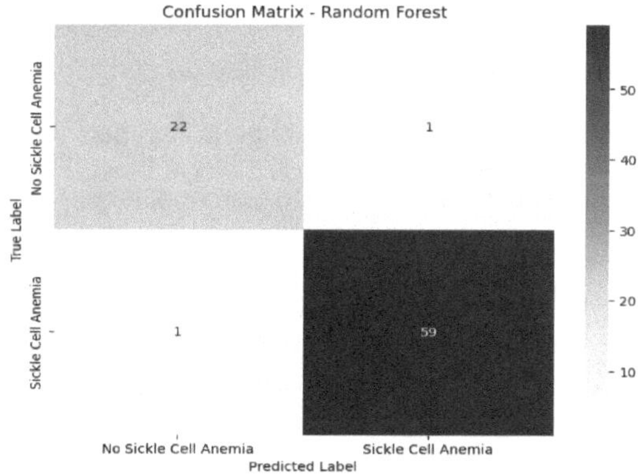

Figura 7. Matriz de confusión para la clasificación de la anemia normocítica y falciforme.

- TABLA 4
- INTERPRETACIÓN DE LA MATRIZ DE CONFUSIÓN

	Predicción: 0 (Normocítica)	Predicción: 1 Falciforme
True 0	22	1
True 1	1	59

El modelo Random Forest demostró un alto rendimiento al distinguir entre pacientes con y sin anemia de células falciformes. Según la matriz de confusión, de las 83 observaciones analizadas, 22 sujetos sanos se clasificaron correctamente como "Sin anemia de células falciformes" y 59 pacientes con enfermedad grave se clasificaron correctamente como "Anemia de células falciformes". Solo se produjeron dos errores: un falso positivo (un paciente con anemia normocítica clasificado erróneamente como anemia de células falciformes) y un falso negativo (un paciente con anemia de células falciformes clasificado erróneamente como anemia normocítica). Esta distribución se traduce en una sensibilidad de aproximadamente el 98,3 %, la capacidad de detectar con fiabilidad a las personas con anemia de células falciformes, una especificidad de aproximadamente el 95,7 % y la capacidad de reconocer correctamente a las personas con anemia normocítica. En general, la precisión del modelo superó el 98 %.

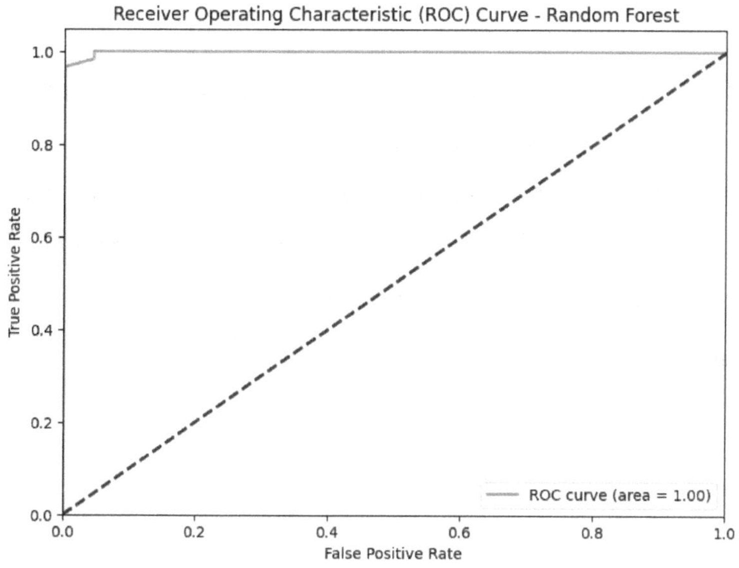

Figura 8. Anemia de células falciformes. Curva (ROC) - Bosque aleatorio

Por otro lado, la curva ROC prácticamente toca la esquina superior izquierda del gráfico, muy lejos de la línea de aleatoriedad (véase la Figura 8). El área bajo la curva (AUC) fue de 1,00, lo que indica que el clasificador separó perfectamente ambas categorías en el conjunto de datos. Con un AUC de dos errores, el modelo mantiene un excelente equilibrio entre la minimización de falsos negativos, cruciales en el contexto médico, y los falsos positivos.

La implementación de este modelo en sistemas de apoyo clínico permite optimizar el diagnóstico temprano y reducir los errores asociados con la clasificación manual de la anemia. Los resultados fueron validados por expertos médicos en el entorno clínico del IMAT y el Instituto Mexicano del Seguro Social. Esto indica que las predicciones del modelo fueron consistentes con los diagnósticos realizados por los médicos de la entidad. La Figura. 9 muestra un diagnóstico de la aplicación. Una vez validada clínicamente, el objetivo es implementarla en un servidor para su posterior uso por parte de médicos en zonas rurales de difícil acceso. Esto permite a los pacientes obtener diagnósticos preliminares basados en hemogramas y, por lo tanto, brindar atención y tratamiento tempranos.

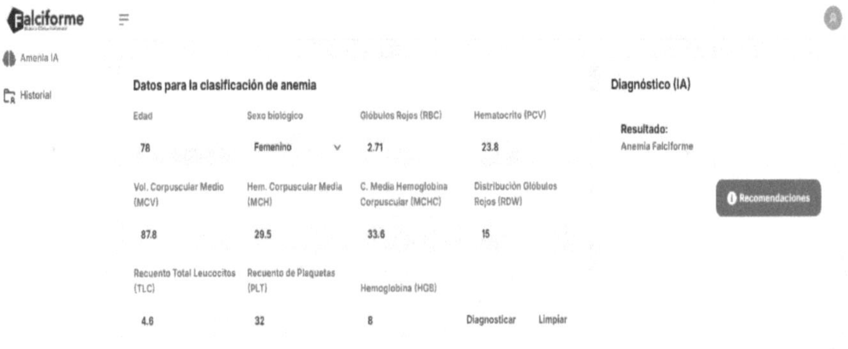

Figura 9. Aplicación del diagnóstico de anemia de células falciformes

4) CONTRIBUCIONES

Este estudio aporta dos contribuciones importantes. En primer lugar, se centra en datos clínicos estructurados en lugar de imágenes, lo que simplifica el proceso de diagnóstico y reduce los costes y los requisitos técnicos. En segundo lugar, la validación directa por médicos especialistas añade un nivel de fiabilidad ausente en muchos modelos teóricos. Estas innovaciones se alinean con los esfuerzos globales para aprovechar la IA para mejorar los sistemas sanitarios frágiles, como destacan

(Rajpurkar et al., 2022) en su análisis del potencial transformador de estas tecnologías.

5. DISCUSIÓN

Aunque el modelo Random Forest mostró un rendimiento excepcional, con una precisión del 98% y una puntuación F1 de 0,98, se identificaron dos casos de falsos negativos en la clasificación de la anemia de células falciformes. Estos casos corresponden a pacientes que realmente padecían la enfermedad, pero que fueron clasificados por el sistema como normocíticos.

Desde una perspectiva clínica, los falsos negativos son especialmente críticos, ya que implican la posibilidad de que un paciente con una afección grave no reciba la atención oportuna ni el tratamiento adecuado, lo que podría provocar complicaciones como crisis vasooclusivas, infecciones graves o daño orgánico irreversible.

Este tipo de error es particularmente relevante en sistemas de salud con recursos limitados, donde el modelo puede actuar como una herramienta de cribado inicial. Si un paciente se clasifica erróneamente como "sin anemia de células falciformes", es probable que no sea derivado a una segunda opinión médica ni a pruebas especializadas, y por lo tanto, el diagnóstico final se retrasará significativamente. La presencia de estos falsos negativos, aunque mínima, se debe al tamaño del conjunto de datos entrenado; por lo tanto, para una mayor confianza, siempre se requiere la supervisión de un médico especialista.

IMPACTOS DE LA INVESTIGACIÓN

La investigación contribuyó al desarrollo de un modelo predictivo innovador para detectar anemia falciforme mediante modelos de machine learning, aumentando la precisión diagnóstica reportada en la literatura.

- Se publicó un artículo en revistas indexadas y se generaron datasets de libre acceso para futuras investigaciones.
- Se participó en una conferencia en Canaria España con el paper titulado Sickle cell disease patient care system using artificial intelligence
- Se diseñó una aplicación web que permite clasificar tipos de anemia con datos de hemogramas, mejorando la rapidez del diagnóstico y reduciendo la carga de trabajo médico.
- El software fue registrado ante la institución y está siendo implementado en pruebas piloto en la clínica IMAT y el Instituto Mexicano del Seguro Social.
- Se diseñó una aplicación web que permite clasificar anemia falciforme a partir de datos clínicos.
- El software fue registrado ante la institución y está siendo implementado en pruebas piloto en la clínica IMAT y el Instituto Mexicano del Seguro Social.
- El proyecto formó a 3 estudiantes de ingeniería en el uso de modelos de machine learning y en la ética de la inteligencia artificial aplicada a la salud.

CONCLUSIONES

Este estudio demostró la viabilidad de utilizar modelos de aprendizaje automático basados en datos clínicos estructurados para la detección temprana de la anemia de células falciformes, superando así las limitaciones de los métodos de diagnóstico tradicionales. El algoritmo Random Forest demostró ser el más robusto, con una precisión del 98%, una tasa de recuperación del 98% y una puntuación F1 de 0,98, lo que refleja su capacidad para minimizar los falsos negativos, cruciales en el ámbito médico. Este rendimiento superior se atribuye a su arquitectura de conjunto, que captura interacciones complejas entre variables hematológicas, como HGB, VCM y RDW, esenciales para el diagnóstico. La implementación de SMOTETomek para equilibrar las clases preservó la estructura de los datos y mejoró la separabilidad, evitando la pérdida de información inherente al submuestreo. Además, la validación clínica realizada por expertos del IMAT y el Instituto Mexicano del Seguro Social confirmó la concordancia del modelo con los diagnósticos convencionales, lo que refuerza su fiabilidad. Una contribución, clave reside en el uso de datos estructurados (en lugar de imágenes), lo que reduce costos, simplifica la infraestructura técnica y facilita su adopción en regiones con recursos limitados. Esto posiciona al sistema como una herramienta accesible para diagnósticos preliminares en zonas rurales, donde el acceso a laboratorios especializados es escaso.

Sin embargo, existen limitaciones, como el pequeño tamaño del conjunto de datos (411 casos) y su enfoque en una población específica (Córdoba, Colombia), lo que nos llevó a sugerir la necesidad de una validación externa en cohortes más diversas.

Finalmente, este trabajo destaca el potencial de la IA para democratizar el acceso a diagnósticos precisos en entornos vulnerables, en consonancia con los Objetivos de Desarrollo Sostenible para la salud. La combinación de técnicas avanzadas de aprendizaje automático con una validación clínica rigurosa representa una vía prometedora para abordar enfermedades infradiagnosticadas, como la anemia de células falciformes, y mejorar la equidad en la atención médica global.

TRABAJOS FUTUROS

Nuestra investigación abre múltiples vías para avanzar en el uso de la inteligencia artificial en el diagnóstico de la anemia de células falciformes. En primer lugar, es fundamental ampliar y diversificar el conjunto de datos actual incorporando cohortes más amplias y representativas de diversas regiones geográficas y grupos étnicos. Esto no solo validaría la generalización del modelo, sino que también permitiría ajustar los umbrales de diagnóstico para tener en cuenta las variaciones genéticas o ambientales, mejorando así su precisión en contextos globales heterogéneos. Paralelamente, la integración de datos multimodales, como la combinación de parámetros hematológicos con imágenes microscópicas de células falciformes o información genética, podría enriquecer el diagnóstico al capturar simultáneamente patrones morfológicos y moleculares mediante arquitecturas híbridas de aprendizaje profundo y modelos clásicos.

Otra línea de investigación prometedora es el desarrollo de sistemas de apoyo clínico integrados en plataformas móviles o historias clínicas electrónicas, diseñados con interfaces intuitivas para su uso en entornos remotos. Esto facilitaría el acceso a diagnósticos preliminares en zonas rurales con infraestructura médica limitada. Por razones éticas, es imperativo desarrollar protocolos robustos que garanticen la privacidad de los datos mediante técnicas como el aprendizaje federado o la anonimización, especialmente en regiones con marcos regulatorios insuficientes. Finalmente, la colaboración multidisciplinaria con laboratorios, gobiernos y organizaciones no gubernamentales podría promover la integración del modelo en programas de cribado neonatal o campañas de salud pública, priorizando las zonas con alta prevalencia de enfermedades. Estas iniciativas no solo ampliarían el alcance de la investigación, sino que también contribuirían a reducir las brechas en la equidad sanitaria, en consonancia con los Objetivos de Desarrollo Sostenible para la Salud.

CAPITULO VII

MANUAL DE USUARIO

APLICACIÓN DE PREDICCIÓN DE ANEMIA FALCIFORME

Comportamiento del sistema

El sistema de clasificación de anemia emplea Inteligencia Artificial para analizar datos clínicos y hematológicos del paciente, como edad, sexo biológico, RBC, HGB y MCV. Al presionar "Diagnosticar", un validador verifica los datos y los transmite al Modelo de Machine Learning para su análisis. El modelo procesa las variables y asigna una categoría de clasificación, identificando el caso como 0 (Sin anemia), 1 (Anemia falciforme) o 2 (Anemia normocítica). Luego, la clasificación se muestra en la interfaz y se almacena en el historial de diagnósticos, permitiendo al médico visualizar y comparar resultados previos para un seguimiento preciso de la evolución del paciente. Esto facilita la toma de decisiones informadas sobre tratamientos o exámenes adicionales, optimizando el diagnóstico de manera rápida y precisa. Además, el sistema ofrece la opción de limpiar los datos para nuevas evaluaciones, garantizando un uso continuo y eficiente.

Para acceder a la aplicación debe seguir los siguientes pasos:

Entre a este sitio:

https://dameratech.com/auth/jwt/sign-in/

Luego debe registrarse por primera vez al sistema. Tenga en cuenta que una vez se registre como se aprecia en la figura 1.

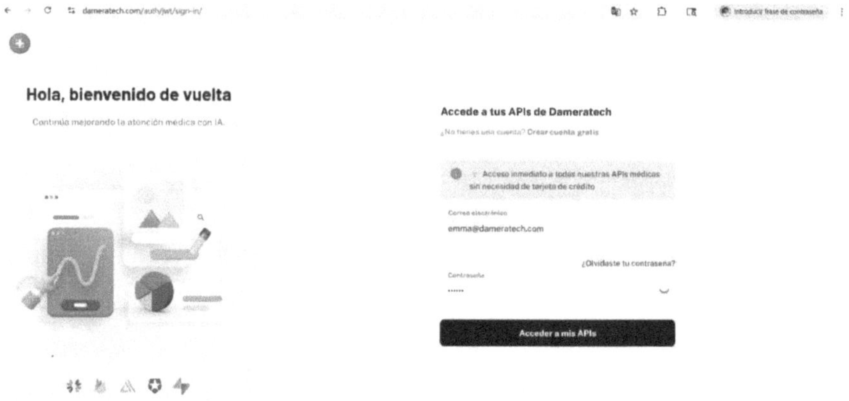

Figura 1. Credenciales de acceso

En el menú de opciones de la aplicación en la parte izquierda, haga clic en Anemia Falciforme, tal y como se aprecia en la figura 2.

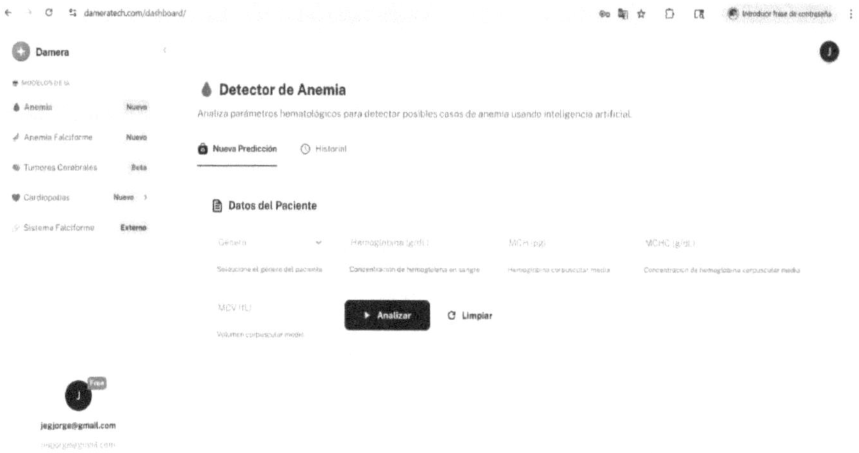

Figura 2. Menú de opciones

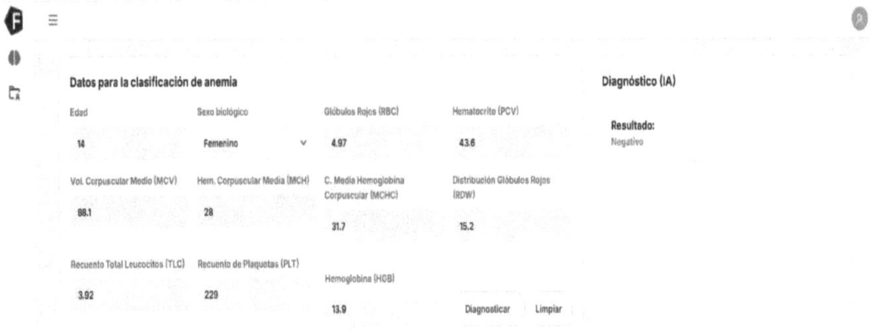

Figura 3 No se detectó signos de anemia (creación propia)

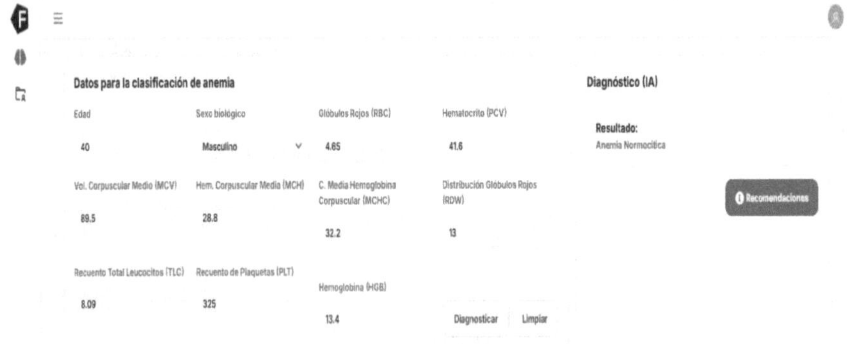

Figura 4 Positivo Anemia normocítica (creación propia)

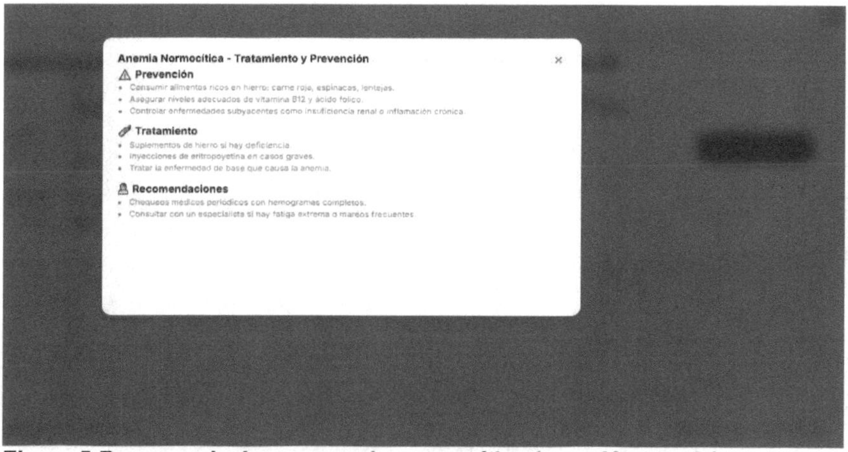

Figura 5 Recomendaciones anemia normocítica (creación propia)

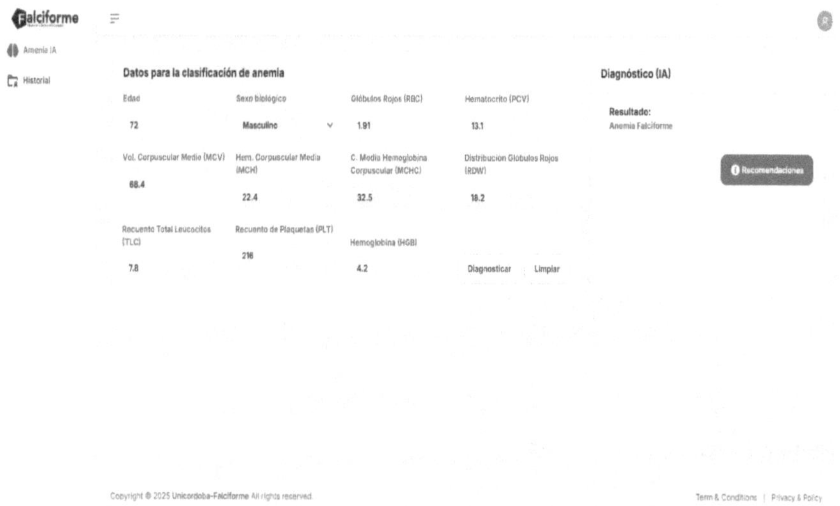

Figura 6 Positivo anemia falciforme (creación propia)

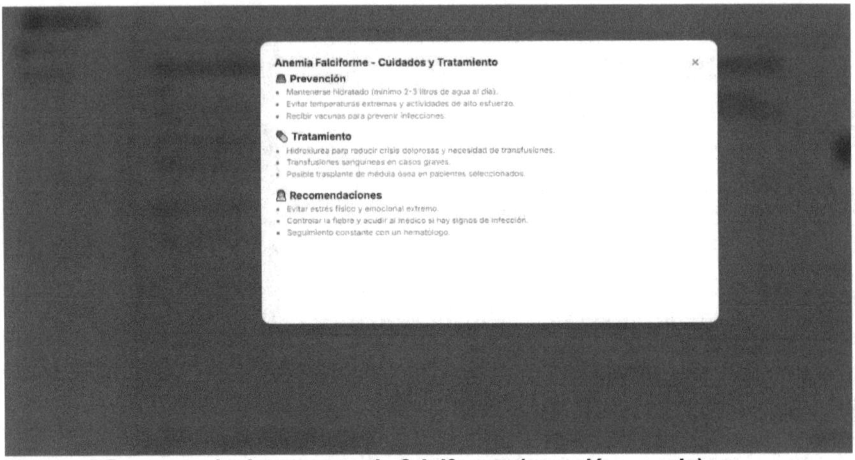

Figura 7 Recomendaciones anemia falciforme (creación propia)

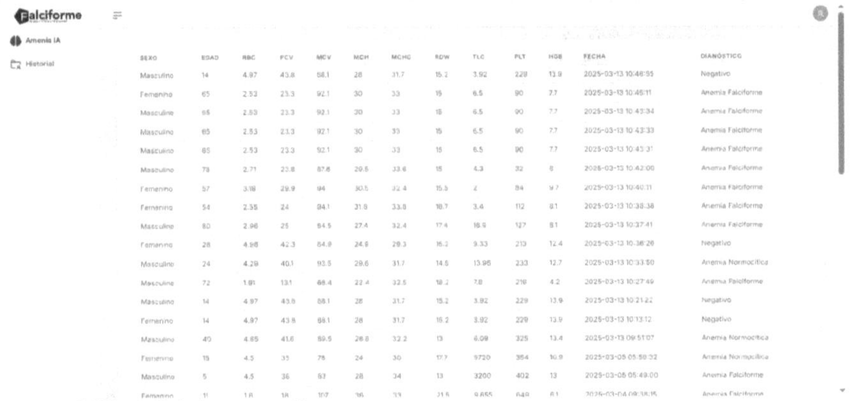

SEXO	EDAD	RBC	PCV	MCV	MCH	MCHC	RDW	TLC	PLT	HGB	FECHA	DIAGNÓSTICO
Masculino	14	4.97	43.8	88.1	28	31.7	15.2	3.92	229	13.9	2025-03-13 10:46:55	Negativo
Femenino	65	2.53	23.3	92.1	30	33	15	6.5	90	7.7	2025-03-13 10:46:11	Anemia Falciforme
Masculino	65	2.53	23.3	92.1	30	33	15	6.5	90	7.7	2025-03-13 10:43:34	Anemia Falciforme
Masculino	65	2.53	23.3	92.1	30	33	15	6.5	90	7.7	2025-03-13 10:43:33	Anemia Falciforme
Masculino	65	2.53	23.3	92.1	30	33	15	6.5	90	7.7	2025-03-13 10:43:31	Anemia Falciforme
Masculino	73	2.71	23.8	87.8	29.5	33.6	15	4.3	32	8	2025-03-13 10:42:00	Anemia Falciforme
Femenino	57	3.18	29.9	94	30.5	32.4	15.5	2	84	9.7	2025-03-13 10:40:11	Anemia Falciforme
Femenino	54	2.55	24	94.1	31.8	33.8	18.7	3.4	112	8.1	2025-03-13 10:38:38	Anemia Falciforme
Masculino	80	2.96	25	84.5	27.4	32.4	17.4	16.9	127	8.1	2025-03-13 10:37:41	Anemia Falciforme
Femenino	28	4.98	42.3	84.9	24.9	29.3	16.2	9.33	213	12.4	2025-03-13 10:36:26	Negativo
Masculino	24	4.29	40.1	93.5	29.6	31.7	14.5	13.96	233	12.7	2025-03-13 10:33:50	Anemia Normocítica
Masculino	72	1.81	13.1	68.4	22.4	32.5	18.2	7.8	218	4.2	2025-03-13 10:27:49	Anemia Falciforme
Masculino	14	4.97	43.8	88.1	28	31.7	15.2	3.92	229	13.9	2025-03-13 10:21:22	Negativo
Femenino	14	4.97	43.8	88.1	28	31.7	15.2	3.92	229	13.9	2025-03-13 10:13:12	Negativo
Masculino	40	4.65	41.6	89.5	26.8	32.2	13	6.09	325	13.4	2025-03-13 09:51:07	Anemia Normocítica
Femenino	15	4.5	35	78	24	30	17.7	9720	354	10.9	2025-03-05 05:58:32	Anemia Normocítica
Masculino	5	4.5	36	83	28	34	13	3200	402	13	2025-03-05 05:49:00	Anemia Falciforme
Femenino	11	1.6	18	107	36	33	21.5	9.655	649	6.1	2025-03-04 09:38:15	Anemia Falciforme

Figura 8 Historial de consultas

REFERENCIAS

Abdulhay, E. W., Allow, A. G., & Al-Jalouly, M. E. (2021). Detection of Sickle Cell, Megaloblastic Anemia, Thalassemia and Malaria through Convolutional Neural Network. Proceedings of 2021 Global Congress on Electrical Engineering, GC-ElecEng 2021, 21-25. https://doi.org/10.1109/GC-ElecEng52322.2021.9788131

Acuña, G., Curilem, M., & Cubillos, F. (2014). Desarrollo de un sensor virtual basado en modelo NARMAX y máquina de vectores de soporte para molienda semiautógena. RIAI - Revista Iberoamericana de Automatica e Informatica Industrial, 11(1), 109-116. https://doi.org/10.1016/j.riai.2013.09.008

Abdulhay, E. W., Allow, A. G., & Al-Jalouly, M. E. (2021). Detection of Sickle Cell, Megaloblastic Anemia, Thalassemia and Malaria through Convolutional Neural Network. Proceedings of 2021 Global Congress on Electrical Engineering, GC-ElecEng 2021, 21-25. https://doi.org/10.1109/GC-ElecEng52322.2021.9788131

Acuña, G., Curilem, M., & Cubillos, F. (2014). Desarrollo de un sensor virtual basado en modelo NARMAX y máquina de vectores de soporte para molienda semiautógena. RIAI - Revista Iberoamericana de Automatica e Informatica Industrial, 11(1), 109-116. https://doi.org/10.1016/j.riai.2013.09.008

Álvaro Baños Izquierdo. (2022). Modelos generativos profundos: Autocodificadores Variacionale.

Álvaro Baños Izquierdo. (2022). Modelos generativos profundos: Autocodificadores Variacionale.

Andrés, C., & Cruz, B. (2020). ANÁLISIS COMPARATIVO ENTRE APRENDIZAJE SUPERVISADO Y APRENDIZAJE SEMI-SUPERVISADO PARA LA CLASIFICACIÓN DE SEÑALES SÍSMICAS VULCANOLÓGICAS DEL VOLCÁN COTOPAXI.

Andrés, C., & Cruz, B. (2020). ANÁLISIS COMPARATIVO ENTRE APRENDIZAJE SUPERVISADO Y APRENDIZAJE SEMI-SUPERVISADO PARA LA

CLASIFICACIÓN DE SEÑALES SÍSMICAS VULCANOLÓGICAS DEL VOLCÁN COTOPAXI.

Árboles de decisión: qué son y cuál es su uso en Big Data. (s. f.). Recuperado 13 de agosto de 2023, de https://www.unir.net/ingenieria/revista/arboles-de-decision/

Árboles de decisión: qué son y cuál es su uso en Big Data. (s. f.). Recuperado 13 de agosto de 2023, de https://www.unir.net/ingenieria/revista/arboles-de-decision/

Ayús, A. L. T., Ramírez, H. V., Cuartas, J. J., & Arrieta, I. E. C. (2019). Logistic regression and neural networks as tools to perform a Scoring model. Revista Lasallista de Investigacion, 16(1), 187-200. https://doi.org/10.22507/rli.v16n1a5

Ayús, A. L. T., Ramírez, H. V., Cuartas, J. J., & Arrieta, I. E. C. (2019). Logistic regression and neural networks as tools to perform a Scoring model. Revista Lasallista de Investigacion, 16(1), 187-200. https://doi.org/10.22507/rli.v16n1a5

Batte, A., Kasirye, P., Baluku, R., Kiguli, S., Kalyesubula, R., John, C. C., Schwaderer, A. L., Imel, E. A., & Conroy, A. L. (2023). Mineral bone disorders and kidney disease in hospitalized children with sickle cell anemia. Frontiers in Pediatrics, 10. https://doi.org/10.3389/fped.2022.1078853

Batte, A., Kasirye, P., Baluku, R., Kiguli, S., Kalyesubula, R., John, C. C., Schwaderer, A. L., Imel, E. A., & Conroy, A. L. (2023). Mineral bone disorders and kidney disease in hospitalized children with sickle cell anemia. Frontiers in Pediatrics, 10. https://doi.org/10.3389/fped.2022.1078853

Bernardo Martínez Celda. (2021). Gradient Boosting (Potenciación del Gradiente) en Aprendizaje Estadístico.

Bernardo Martínez Celda. (2021). Gradient Boosting (Potenciación del Gradiente) en Aprendizaje Estadístico.

Carmona, E. J. (2016). Tutorial sobre Máquinas de Vectores Soporte (SVM). https://www.researchgate.net/publication/263817587

Centeno Franco Sevilla, A. (2019). DEEP LEARNING.

Centeno Franco Sevilla, A. (2019). DEEP LEARNING.

Chayashree Patgiri, & Amrita Ganguly. (2019b). Red Blood Cell and Sickle Cell Detection fromMicroscopic Blood Images of SickleCell Anemic Patient.

Daly, B. P., Kral, M. C., & Brown, R. T. (2008). Cognitive and Academic Problems Associated With Childhood Cancers and Sickle Cell Disease. School Psychology Quarterly, 23(2), 230-242. https://doi.org/10.1037/1045-3830.23.2.230

Daniel Alejandro Alba Vega, & Javier Fernando Calle Jara. (2020). APLICACIÓN DE TÉCNICAS DE MACHINE LEARNING BASADO EN INFORMACIÓN SÍSMICA PARA PROFUNDIZAR LA PROBABILIDAD DE TERREMOTOS MEDIANTE EL USO DE REGRESIÓN LOGÍSTICA Y REDES NEURONALES.

Gaviria Uribe, A., Edwin Prieto Alvarado, F., & Edwin Prieto Oscar Eduardo Pacheco Pilar Zambrano Cecilia Saad Luis Fernando Fuertes Paola Elena León Diseño Diagramación Claudia Clavijo A, F. P. (2018). INFORME QUINCENAL EPIDEMIOLÓGICO NACIONAL 1 Ministro de Salud y Protección Social. http://www.ins.gov.co/

Gollapalli, M., & Alfaleh, A. (2023). Data Mining Hospital Treatment and Discharge Summary of Sickle Cell Disease Patients. 2023 International Conference on IT Innovation and Knowledge Discovery, ITIKD 2023. https://doi.org/10.1109/ITIKD56332.2023.10099773

Gómez, J. G., Parra Urueta, C., Álvarez, D. S., Hernández Riaño, V., & Ramirez-Gonzalez, G. (2025, February). Anemia Classification System Using Machine Learning. In Informatics (Vol. 12, No. 1, p. 19). MDPI. https://doi.org/10.3390/informatics12010019

Hu, Z., Tang, J., Wang, Z., Zhang, K., Zhang, L., & Sun, Q. (2018). Deep learning for image-based cancer detection and diagnosis − A survey. Pattern Recognition, 83, 134-149. https://doi.org/10.1016/j.patcog.2018.05.014

Huang, S., Yang, J., Fong, S., & Zhao, Q. (2020). Artificial intelligence in cancer diagnosis and prognosis: Opportunities and challenges. En Cancer Letters (Vol. 471, pp. 61-71). Elsevier Ireland Ltd. https://doi.org/10.1016/j.canlet.2019.12.007

Hussein, S., Kandel, P., Bolan, C. W., Wallace, M. B., & Bagci, U. (2019). Lung and Pancreatic Tumor Characterization in the Deep Learning Era: Novel Supervised and Unsupervised Learning Approaches. IEEE Transactions on Medical Imaging, 38(8), 1777-1787. https://doi.org/10.1109/TMI.2019.2894349

Institute of Electrical and Electronics Engineers, & Hindusthan Institute of Technology. (2020). Analysing the Role of Supervised and Unsupervised Machine Learning in IoT.

Isa, H., Okocha, E., Adegoke, S. A., Nnebe-Agumadu, U., Kuliya-Gwarzo, A., Sopekan, A., Ofakunrin, A. O., Ugwu, N., Hassan, A. A., Ohiaeri, C., Madu, A., Diaku-Akinwumi, I., Ekwem, L., Dogara, L. G., Okoh, D., Jasini, J., Girei, A., Ekwere, T., Okolo, A., … Nnodu, O. (2023). Strategies to improve healthcare services for patients with sickle cell disease in Nigeria: The perspectives of stakeholders. Frontiers in Genetics, 14. https://doi.org/10.3389/fgene.2023.1052444

Kiran, C., Reddy, M. · A. B., Srujan, · K, & Editors, R. (s. f.). Machine Learning Technologies and Applications Algorithms for Intelligent Systems. http://www.springer.com/series/16171

Labañino Urbina, S., Alberto, H., Zayas, V., Grabiel, O., & López, T. (2019). Random Forests Algorithm for fail detecting on computer´s networks. 12(8). http://seriecientifica.uci.cu

Lancia, M., Pang, T., Crawford, A., Wing, J., Mehta, K., & Cheng, X. (2020, octubre 29). A Novel E-Junction Lateral Flow Immunoassay for Widespread Sickle Cell Screening in Low and Middle-Income Countries. 2020 IEEE Global Humanitarian Technology Conference, GHTC 2020. https://doi.org/10.1109/GHTC46280.2020.9342918

Lonergan, G. J., Cline, D. B., & Abbondanzo, S. L. (2001). Sickle Cell Anemia1. https://doi.org/10.1148/radiographics.21.4.g01jl23971, 21(4), 971-994. https://doi.org/10.1148/RADIOGRAPHICS.21.4.G01JL23971

Magpantay, L. D. C., Alon, H. D., Austria, Y. D., Melegrito, M. P., & Fernando, G. J. O. (2022). A Transfer Learning-Based Deep CNN Approach for Classification and Diagnosis of Acute Lymphocytic Leukemia Cells. 2022 International Conference on Decision Aid Sciences and Applications, DASA 2022, 280-284. https://doi.org/10.1109/DASA54658.2022.9765000

Modolo, G. P., Luvizutto, G. J., Hamamoto Filho, P. T., Braga, G. P., Bazan, S. G. Z., Ferreira, N. C., de Souza, J. T., Winckler, F. C., Macedo de Freitas, C. C., Hokama, N. K., Vidal, E. I. de O., & Bazan, R. (2022). Transcranial doppler as screening method for sickling crises in children with sickle cell anemia: a latin America cohort study. BMC Pediatrics, 22(1). https://doi.org/10.1186/s12887-022-03429-5

Mosquera, R., Castrillón, O. D., & Parra, L. (2018a). Support vector machines, Naïve Bayes classifier and genetic algorithms for the prediction of psychosocial risks in teachers of Colombian public schools. Informacion Tecnologica, 29(6), 153-162. https://doi.org/10.4067/S0718-07642018000600153

Mosquera, R., Castrillón, O. D., & Parra, L. (2018b). Support vector machines, Naïve Bayes classifier and genetic algorithms for the prediction of psychosocial risks in teachers of Colombian public schools. Informacion Tecnologica, 29(6), 153-162. https://doi.org/10.4067/S0718-07642018000600153

Nikkath Bushra, S., & Shobana, G. (2021). Paediatric Sickle Cell Detection using Deep Learning-A Review. Proceedings - International Conference on Artificial Intelligence and Smart Systems, ICAIS 2021, 177-183. https://doi.org/10.1109/ICAIS50930.2021.9395756

Pérez, I., Manuel, B., & Gegúndez Arias, E. (2021). DEEP LEARNING: Fundamentos, teoría y aplicación.

Piety, N. Z., & Shevkoplyas, S. S. (2017). Paper-Based Diagnostics: Rethinking Conventional Sickle Cell Screening to Improve Access to High-Quality Health Care in Resource-Limited Settings. IEEE Pulse, 8(3), 42-46. https://doi.org/10.1109/MPUL.2017.2678658

Rajpurkar, P., Chen, E., Banerjee, O., & Topol, E. J. (2022). AI in health and medicine. En Nature Medicine (Vol. 28, Número 1, pp. 31-38). Nature Research. https://doi.org/10.1038/s41591-021-01614-0

Rojas, E. M. (2020). Machine Learning: análisis de lenguajes de programación y herramientas para desarrollo.

Sen, B., Ganesh, A., Bhan, A., Dixit, S., & Goyal, A. (2021b). Machine learning based diagnosis and classification of sickle cell anemia in human RBC.

Proceedings of the 3rd International Conference on Intelligent Communication Technologies and Virtual Mobile Networks, ICICV 2021, 753-758. https://doi.org/10.1109/ICICV50876.2021.9388610

Srinivasan, N., Krishna, M., Naveen, V., Kishore, S. M., Kumar, S., & Subha, R. (2023). Predicting Indian GDP with Machine Learning: A Comparison of Regression Models. 2023 9th International Conference on Advanced Computing and Communication Systems, ICACCS 2023, 1855-1858. https://doi.org/10.1109/ICACCS57279.2023.10113035

Tengshe, R., Aishwarya, U. N., Raj, A., Akshaya, K., Pattanshetty, A. A., & Fatimah, B. (2021). Sickle cell anemia detection using convolutional neural network. 2021 12th International Conference on Computing Communication and Networking Technologies, ICCCNT 2021. https://doi.org/10.1109/ICCCNT51525.2021.9580165

Thomas, J. M., & Ameenudeen, P. E. (2022). Bio-medical Image Denoising using Autoencoders. Proceedings - 2nd International Conference on Next Generation Intelligent Systems, ICNGIS 2022. https://doi.org/10.1109/ICNGIS54955.2022.10079813

FSC
www.fsc.org
MIX
Papier | Fördert
gute Waldnutzung
FSC® C083411

Kolibri 360 GmbH
Ferdinand-Jühlke-Straße 7
99095 Erfurt, Deutschland
produktsicherheit@kolibri360.de

Druck:
CPI Druckdienstleistungen GmbH
im Auftrag der
Kolibri 360 GmbH
Ferdinand-Jühlke-Str. 7
99095 Erfurt